「知の商人」たちの
ヨーロッパ近代史

水田 洋

講談社学術文庫

目次

「知の商人」たちのヨーロッパ近代史

I　商品になった「知」

「知の商人」たちのヨーロッパ近代史

I

商品になった「知」

エルセフィエル書店

1

グーテンベルクによる活版印刷の発明（一四五〇年ごろ）が、思想の社会的存在形態と伝達方法の、巨大な革命をもたらしたことは、よく知られている。宗教改革のときに、聖書がルターによって、だれでも読めるような母国語に訳されたうえに、それが印刷によって複製され普及したので、各人は、牧師の口からでなく、自分でキリストの教えを読み、解釈するようになったのである。グーテンベルクの聖書といえば、「姦淫聖書」（十戒の「姦淫してはならない」の、否定が誤植によって脱落したために、「姦淫せよ」になったもの）が有名だが、それは、この普及過程の副産物にすぎない。聖書の普及による教会の権威の失墜を憂慮した聖職者に対して、オランダのヒューマニスト、エラスムスは、「もう遅い」と答えたという。

情報の普及が、マス・メディアの支配による思想統制を可能にするのは、ずっとあとのことで、さしあたっての結果としては、知的独占が崩壊し、諸思想が、出版物という社会的な形態をとって成立したのである。こうして、人びとの内部にある諸思想に、社会的な形態をあたえること——印刷と出版——が、思想そのものと違ったひとつの機能となり、職業活動となる。そして、思想がこのような普及のためのメディアを持ったということは、そのメディアと結合しなければ——すなわち印刷出版業者と結合しなければ——、逆に思想の存在が否定されることを意味する。この結合が成立するかどうかは、これまで思想にとってあまりかかわりのなかった——まったくなかったわけではないが——ひとつの事情に依存するところがおおきい。その事情とは、出版物が、印刷出版業者にとっては商品であり、そのことによって思想が、思想家にとっても商品とならざるをえない、という事情である。しかし、この事情を反面からみれば、それは、印刷出版業においては、商品としての印刷物の生産者が、多少とも意識的に知的な生産と流通に参与するということである。印刷出版業および業者についての研究が、近代思想史研究のひとつの重要な部門となるのは、以上のような意味においてである。

2

いまアムステルダムに、エルセフィエルという出版社がある。自然科学はもちろん、社会科学も現代的なテーマと方法による著作の出版が大部分で、思想史の研究者にはほとんど縁がないが、この社名の起源である近代初期のエルセフィエルは、いま述べたような意味での出版史＝思想史上の巨峰のひとつであり、その出版物は、いわゆる蔵書家＝愛書家《ビブリオファイル》の宝のひとつなのである。

出版業者エルセフィエルの初代ルイスは、ルーヴァンの印刷業者ハンスの子として、一五四六年（または四七年）に生まれた。エルセフィエルの姓は、「地獄の火《ヘルセ・フィエル》」からとったとも、聖エルムスフールからとったともいわれている。ルーヴァンは、中世ヨーロッパ低地地方の羊毛貿易の中心地であり、トマス・モアの『ユートウピア』も、そういう事情のなかから生まれたのだが、ルイスの成長した時代には、町の繁栄は過去のものとなり、エラスムスによって代表される学問的名声も、くだり坂であった。一五六五年に、父子はアンヴェルスに移住して、フランスからきた印刷業者プランタンに雇われることになる。

ところが、アンヴェルスの経済的繁栄は一五六〇年が絶頂で、この年から急激に下降する。オランダ独立戦争が始まったからであって、アンヴェルス中心の貿易構造がくずれ、フランス、スペイン、ポルトガルの国王に対する債権はこげつき、アンヴェルスの銀行業者は破産する。政治的にも、一五六六年のカソリック教会掠奪に対する、翌年のアルバ公爵による弾圧は、ウィレム・シルヴィウスのような印刷業者を破滅させた。エルセフィエルはリエージュに逃れ、さらにヴェーゼル、ドゥエイを経て、一五八〇年末にレイデンにきて、ここに定着した。

これらの出版関係事業が、なぜベルギー、オランダ地方でさかんであったかといえば、一般的な学芸の興隆をべつにして、東洋貿易のための海図・地図の需要がおおきかったこと――商船の船長にとって、すぐれた海図・地図をもつことは、業務の成否を決定する条件であった――、独立戦争の原因である宗教的対立――それは宗教改革にさかのぼる――が、聖書および論争書の出版を必要としたことなどが理由として考えられる。アムステルダムのブローは前者の例であり、エルセフィエルは後者の例である。といっても、当時は、活字鋳造、印刷、製本、出版、販売が――著者としての機能さえも――完全に分化していたわけではなく、したがって、彼らの場合も、書籍ブローカー――その意味での思想の普及者――としての利潤がかなりおおきかったようである。

3

レイデン（ルグドゥヌム・バタウォルム）は、一五七四年の五月から十月までスペイン軍の包囲攻撃をうけたが、落城寸前に堤防を破壊して、城壁までオラニエ公の海軍をひきいれることによって勝利をえた。翌年に、レイデン大学が新しいタイプの大学として創立されたのも、この勝利の波にのった商工業都市としての発展に関係があるだろう。大学は、法学・

医学・神学・哲学という伝統的な四学部構成で出発するが、まもなく工学部・植物園・天文台・出版部などを追加する。それよりも注目すべき特徴は、大学創立の主要な目的が、カルヴァン派の牧師の養成であったにもかかわらず、入学許可にあたって信仰による差別をしなかったということであり、ルター派、ユダヤ教徒、あるいはカソリック信者でさえ、ひとしく歓迎された。

のちにペティやマンドヴィルが学ぶことになる、この大学自体が、思想史的研究の重要な対象であるが、いまはただエルセフィエルが、レイデン大学を中心とする印刷出版業の、はげしい競争のなかにはいっていったことを指摘するにとどめよう（一五五〇―九九年に、業者の数は四四であった）。彼は、フランクフルト書籍市にしばしば姿を現わし、レイデンの教授たちの求める本や手稿を入手し、ときには手紙の送達もひきうけた。

一五八六年に、彼は大学使者に任命された。そして、一五九四年には市民権をあたえられ、やがて市内フラーフェンステイン区の区長として、夜警の指揮（画家レンブラントの描いた「夜警」より半世紀はやい）をふくめて治安の維持にあたることになった。彼の出版活動は、市民権取得のころから活発になる。晩年には五人の息子たちも事業に参加し、デン・ハーフとウトレフト――しばらくしてアムステルダム――に支店がつくられるほどになった。

息子たちの代になって、一六二〇年に、エルセフィエルは待望のレイデン大学印刷業者の

ホッブズの『市民論』ラテン語版

地位につき、大学の門のちかくに本屋の店をひらいた。大学印刷業者は、すべての学位論文を印刷する独占権をもつのだが、大学との関係は、二五年にさらに強化される。というのは、レイデンの東洋学者エルペニウスが苦心してあつめた東洋諸言語の活字を、その死後、大学のためにエルセフィエルが購入したからである。レイデン大学で東洋学がさかんであったのは、いうまでもなくオランダの東洋進出にささえられていたのであり、エルセフィエルが一六二五年から四九年にかけて刊行した、イギリスにはじまり日本におわる『諸国双書』の成功も、そのことと無関係ではない。

4

ガリレイは『新科学対話』(一六三八年)の序文で、レイデンのエルセフィエルが、それを出版してくれたことに感謝しているが、いまからふり返ると、少なくともわれわれにとっては、アムステルダムのエルセフィエルの出版物のほうが重要である。それは、アムステルダムのエルセフィエルが、レイデンのそれほど宗教的にきびしいカルヴァン派でなかったためでもあろうし、大学との関係で、古典や神学書を出版するように拘束されることがなかったためでもあろう。たとえば、ホッブズの『市民論』（一六四七年）、ガッサンディの『反アリストテレース論』（一六四九年）、ミルトンの『イギリス人民の擁護』（一六五一年）が、アムステルダム・エルセフィエルから出版された。デカルトおよびその支持者たちの著作もそうである。パスカルの『プロヴァンシャル』（一六五七年）やニコルによるそのラテン訳をはじめとして、ジャンセニストの著作もいくつか出版されたが、この場合、エルセフィエルの名前は示されていない。

こういう出版物のリストをみると、「たたかう出版業者」エルセフィエル一族のイメージができあがるだろうし、それはまったくまちがっているわけではないが、出版の主要動機は、とうぜんのことながら、思想よりも利潤であった。ミルトンの前掲書の前後に、三回にわたって、その論敵サルマジウスがチャールズ一世を擁護した『王の擁護』を出したり、グロチウスの『自由な海』のリプリントの三年あとに、セルドゥンの『とざされた海』（一六三六年）を出したりしているのは、論争する双方に対して公平に発表の場をあたえる、といえばきこえがいいが、出版者としての節操を疑われてもしかたがあるまい。しかも、グロチウスの著書をのぞいて、すべて、エルセフィエルの名を隠しているのである。

古典の注釈者としてエルセフィエルと関係が深かったグロノヴィウスやN・ハインジウスは、出版者としてのエルセフィエルの貪欲ぶりを非難する手紙を遺している。たとえばグロノヴィウスは、友人への手紙で、リヴィウスの『歴史』の編集によってえたものは、原本一二部と注釈本二〇部だけだったと嘆き、「こういう印刷業者と交渉をもつときは、私のようにならないように注意して下さい」と書いている。エルセフィエルの出版物そのものについても、かならずしもいい評判ばかりではなく、旧い版のタイトル・ページだけ変えたり、べつの本と合本にしたりして、新しい版のように見せかけているという非難がある。カルヴァン派の信仰という点では、とくにレイデンのエルセフィエルの正統派的信仰は、グロチウスやデカルトをうけいれにくくした。一六三五年秋にデカルトは、『方法叙説』の原稿をもってレイデンまで行きながら、エルセフィエルが熱意をしめさないので、同市の他の出版業者に渡してしまった。レイデンでは、エルセフィエルの顧問であった図書館長ダニエル・ハインジウスの偏狭さも災いしたのである。*

ふしぎなことに、レイデンとアムステルダムのエルセフィエルは、ともに一六八一年に崩壊する。前者は事業に無関心なアブラハムの相続によって、後者は事業に熱心であったダニエルの死によって。「エルセフィエル氏の死去は、社会的損失です」とジョン・ロックは手紙に書いた。

商品としての思想は、たとえばこのような出版業者によって、荷なわれてきたのである。

* David W. Davies, *The world of the Elseviers 1580-1712*, The Hague 1954, pp. 66-67, 72-73. Cf. Alphonse Willems, *Les Elzevier. Histoire et annales typographiques*, Bruxelles-Paris-La Haye 1880, items 588 & 590.

リヴァイアサンの顔

1

トマス・ホッブズは、主著『リヴァイアサン』の序論で、国家を人工人間とよんでいる。それは、人間が人間を材料として、人間をまねてつくるものだ、というのである。神の世界創造の模倣だといってはいるが、この模倣によって、国家は神からきりはなされて人間のものになり、さらに自然権としての自己保存権＝生存権の確立によって、国家は人間が生存するための手段となる。これが近代民主主義の原点である。ホッブズは、こういう人工人間としての国家を、旧約聖書の「ヨブ記」にでてくる怪獣リヴァイアサンにたとえた。だから国家論を主題とする自著を、『リヴァイアサン』と名づけたのである。『リヴァイアサン』の口絵は、このような人工人間としての国家、すなわちリヴァイアサンを描いたもので、下半分は、中央に題名と著者名・出版地・出版者名・出版年があり、その両側に、教会権力と政治権力を示す絵が五つずつ積み重ねられている。左は、上から城・王冠・大砲・軍旗と武器と軍鼓・戦場、右は、教会・僧帽・雷電（破門の雷電）・二叉および三叉の農業用（または武器）フォーク・神学討論であって、これらによって表わされた両権力が、不可分のものとして単一の主権者に帰属する、というのが、この本におけるホッブズの主張であった。

口絵の上半分には、丘陵を背景にした都市が描かれ、そのなかの左には要塞と兵士たちが、右には教会がある。丘陵の背後に王冠をつけた巨人の上半身がそびえ立ち、右手に剣、左手に笏杖をもっている。彼の頭上には、ラテン語で、「地上には、彼にくらべられうるいかなる力もない――ヨブ記四一・二四」と、リヴァイアサンについての「ヨブ記」の叙述が引用され、この巨人が、人工人間としてのリヴァイアサンであることが暗示されている。巨人の上半身のなかには、無数の人物が描きこまれ、彼らは、社会契約を結ぶために集合しつつあるかのようである。

すこし説明をつけ加えると、大砲は、当時のもっとも強力な武器であっただけではなく、エリザベス一世以来、イギリスでは国王の許可なしには製造できなかったから、二重の意味で王権の象徴であった。軍旗のなかに、セント・アンドルー十字（斜十字X）があるのは、使徒聖《セント》アンドルーを守護聖者とするスコットランドを表わすのだが、当時の状況でスコットランドといえば、ステュアート王朝とスコットランド長老派という対立の、双方を意味しうる。王権の象徴として描かれているとすれば、もちろん前者であろう。

右側の絵のなかで、いちばん下の神学論争では、左右に二人ずつ着席している論争者は、

『リヴァイアサン』の口絵

それぞれ自説の典拠となる本をひろげている。典拠からの引用によって自説の正当性を主張するのが、当時の論争の形式であった。服装からみて、参加者はカソリックの聖職者であり、あとで述べるようなホッブズとフランスとの関係も考慮にいれて、これは、新築されたソルボンヌ（パリ大学）神学部内で、一六四三—四九年に行なわれた、ジャンセニスト（パスカルによって代表されるカソリック内部の改革派）と正統派の論争ではないか、という推定もある。

その上のフォークが、農具なのか武器なのかわからないが、武器だとすれば、破門の雷電と神学論争の中間にある異端糺問＝抑圧の武器であろう。しかし、フォークにはいくつかのことばが書かれていて、それは、異端抑圧とは直接には結びつかない。書かれていることばは四種類あって、まず左端の三叉フォークには、Syl./logis/me（Syllogisme すなわち三段論法）、二叉には Spiritual（霊的）と Temporal（現世的）、Directe（直接的）と Indirecte（間接的）、Real（現実的）と Intentional（意志的）とあり、さらにそれらの前に置かれた一組の牛の角には、Di/lem/ma（矛盾）という文字がある。

これらがすべて、中世のスコラ神学の用語であることはたしかであり、霊的と現世的、および直接的と間接的は、ともにホッブズが、法王の現世的権力を否定したことにかかわりがあることもたしかであろう――法王が神から直接に、どういう権力をうけとったのかというのが、争点のひとつであった。しかし、そのほかのことばについては、スコラ神学に対するホッブズの一般的な批判に対応する、ということしか推測できない。

2

絵のなかには、まだまったく説明されていない部分がある。それは、人工人間の顔がだれに似ているか、ということである。ヒューエルは『イギリス道徳哲学史講義』のなかで、

「普通の版では、それは明らかにクロムウェルに似ているが、……ただ、王冠をつけている。……しかし、トリニティ・カレジ図書館にある本では、チャールズ一世に似せようとしたらしい。この版の版画の細工は、前者にくらべて、はるかに劣っている」と述べた。彼が対比したふたつの版というのは、一六五一年版と称する版が三種類あるうちの、ほんものの初版と、にせ初版のどれか一方を指すのであろう。

クロムウェルかチャールズかということは、ホッブズ解釈の分れ目であったから、ヒューエルが投げた石は、波紋をひき起こした。ホッブズは、一六四〇年に、最初の著作「人間本性」と「政治体」が手稿で回覧されて、主権の絶対性の主張がステュアート王朝支持と理解され、議会派の攻撃を受けそうになったのでフランスに亡命したが、革命が始まって、皇太子（のちのチャールズ二世）がフランスに亡命してくると、彼の数学の教師に任命された。ところが、こんどは無神論者だということで亡命宮廷で非難され、一六五一年末に、イギリスに再亡命する。『リヴァイアサン』は、生存権の絶対性のうえに主権の絶対性を構築し、まさにこの一六五一年にイギリスで出版されたという、問題的な著作であるために、顔がどっちに似ているかが争われたのであった。

たとえば、彼の友人でありオクスフォードの後輩で、かつ王党の指導的人物であったクラランダン伯エドワード・ハイドは、『ホッブズ氏の著書リヴァイアサンのなかの、教会および国家にとって危険で有害な誤謬の、簡単な紹介と検討』（一六七六年――簡単なといっても三二二ページもある）において、「ホッブズ氏は、私のこの世でもっとも古い友人であり、私がおおいに尊敬してきた人である」と述べたあとで、『リヴァイアサン』について、つぎのように言っている。

「私がスペイン（彼はここへ大使として派遣されていた）からパリに戻ると、彼（ホッブズ）は、しばしば私のところにきて、彼の本（リヴァイアサンという題になる）がイングランドで印刷されつつあると語り、……私がその本を読んだら、それを好まないということはわかっている、と言った。そのとき、彼の結論のいくつかを述べたので、私は、なぜそのような学説を出版しようとするのか、と尋ねた。この質問に対して、主題についての冗談と真剣とのあいだの話のあとで、彼は言った——じつは、私は帰国することを考えているのだ。」これが、『リヴァイアサン』はクロムウェルへの手みやげだという解釈の根拠であるが、スティーヴンも指摘したように、クロムウェル政権が成立するのは一六五三年であって、五一年末には、議会軍がクロムウェルの指揮のもとに軍事的勝利を動かぬものにしていた、という程度であった。だいたい、ハイドでさえもクロムウェルの名をあげていないのに、手みやげ説は軽率すぎる。スティーヴンは、ハイドがホッブズの冗談を解さなかったのだ、と言っている。

しかし、クロムウェルでもなくチャールズ一世でもないとすれば、これはだれの顔なのか。ホッブズ自身、主権者は絶対的でありさえすれば、国王でも議会でもかまわない、というのだから、この絵の人物も、そのなかに書きこまれた無数の人間の抽象的な代表者として、具体的な人間とはかかわりがないのだ、と説明することもできる。

3

ところが、この顔はホッブズ自身だという新説があらわれた。[*]ジョン・オーブリが、J・B・ヤスパースに描かせて、ロイヤル・ソサイアティに寄贈したというホッブズの肖像――それをもとにしたヴェンツェル・ホラーの版画もある――にそっくりであるし、オーブリが『名士小伝』で描写している顔つきも、そうだというのである。もっともオーブリは、「顔はそれほどおおきくなく、ゆたかな額で、鼻下のひげは……端が自然に上にはねあがっていた。……唇の下にすこし残したほかは、すっかり剃っていた。……いい目をしていて……活気にあふれていた。……その目は、大きすぎも小さすぎもせず中くらいであった」というのだから、ひげ以外は決め手にはならないのだが、ヤスパースやホラーの描いたものと直接に比較できないまま、一応この説を信用しておくとしよう。

側面からこの新説を支持する事実もある。それは、この口絵版画の作者がだれだったか、ということである。この絵のなかには、作者を示すものはなにもなく、したがってイギリスでは、ずっと作者不明とされていたのだが、フランスでは逆に、ずっとまえから、アブラアム・ボス（一六〇二―七六年）の無署名作品として知られていたのだそうである。まえに述べたように、神学論争の光景――服装をふくめて――がソルボンヌだということは、ホッブズがフランスにいたことだけでなく、この口絵版画の作者がフランス人であったことに結びつく。ホッブズがチャールズ二世に献じた、羊皮紙手書きの『リヴァイアサン』では、この口絵がさらにフランス的になっているそうである（ブリティシュ・ライブラリ、イジャートン手稿、一九一〇）。

そのうえ、ホッブズ自身がこの口絵を構想し、直接にパリでボスに指示したのだという説が、すでに一八五二年にフランスで発表されている（匿名）のである。ホッブズが、口絵をみずから構想したのは、これが最初ではなく、『市民論』（一六四二年）のばあいもそうであったという。『市民論』の口絵は、このパリ版（初版）からL・エルセフィエル版、D・エルセフィエル版およびイギリス版と、図柄は三転しているが、基調は宗教・主権(Imperium)・自由であって、ホッブズが原案を作ったとしてもふしぎではない。

ふしぎなのはむしろ、そのような情報が、どうしてフランスからイギリスに、ながいあいだ伝わらなかったのか、ということである。

＊ Margery Corbett and Ronald Lightbown, *The comely frontispiece, The emblematic title-page in England 1550-1660*, London, Henley and Boston 1979, pp. 229-230.

ハーリーとソマーズ

1

『ハーリアン・ミセラニー』という四つ折版一〇巻、合計約六〇〇〇ページの本があって、ぼくの蔵書のなかでは、最高の社会的利用度をもっている。社会的利用度というのは、所有者以外の利用度のことであり、所有者は、一九五七年に「社会主義の成立」（岩波講座『現代思想』所収、のちに『社会主義思想史』現代教養文庫）を書くときに使っただけで、復版が出まわるまで、社会奉仕専用であった。題名を、内容がわかるように翻訳すると、『ハーリー氏蔵書雑録』ということでもあろうか。オクスフォード伯ロバート・ハーリー（一六六一―一七二四年）、エドワード・ハーリー（一六八九―一七四一年）が、二代にわたって集めた四〇万冊ちかいパンフレットの一部分の復刻である。これらのパンフレットと手稿約八〇〇〇種、図書約五万冊、プリント（一枚もの）約四万一〇〇〇枚をあわせたものが、エドワードが死んだときの、ハーリー・コレクションの内容であった。

ロバート・ハーリーは、トーリ党内部でボリングブルックと争った有力な政治家であり、新聞を政治に使った最初の大臣だといわれるが、他方では、『ロビンソン・クルーソー』の著者デフォーが、一七〇四年に、『非国教徒退治の便法』のためにニュウゲイト監獄にいれられたときに救い出したのをはじめとして、スウィフトやポープに文筆活動上の援助を与えるなど、学芸保護者としても知られていた。* ただし、スウィフトの激賞にもかかわらず、政敵ボリングブルックは、とうぜんのことながら、徹底的にハーリーをこきおろしている。「この男が、自分の家族をそだてること以外に、なにか断固とした見解を、いったい持ったことがあるのかどうかは、きわめて疑わしい」という調子である（『サー・ウィリアム・ウィンダムへの手紙』）。

ハーリーが、収集をはじめた動機はわからないが、一七〇〇年に国有化された「コトン文庫」の管理委員会に、下院議長として参加したことがひとつのきっかけではないかと思われる。このときハーリーを助けたハンフリ・ウォンリーは、オクスフォード出身のライブラリアンで、ボドリー図書館の副館長から「キリスト教知識普及協会」の事務局長に転じ、「アングロ・サクスン手稿目録」によって名声を確立した人であった。このウォンリーの助言によって、ハーリー自身の集書がはじまり、まず、ロバート・コトンの友人であった歴史家シモンズ・デュウズ（一六〇二―五〇年）の蔵書が購入された。それからあとウォンリーが、ハーリーのために貴重書や手稿を集めていく苦心は、彼の未刊の日記（ブリティシュ・ライブラリ・ランズダウン文書）にくわしい。

しかし、コトン文庫がコインやメダルをふくんでいたことからも知られるとおり、この時代の集書家の主要な関心は、骨董的な価値にあり、ジョージ・トマスン（?—一六六六年）が同時代のパンフレットばかり集めたのは、まったく例外的であった。だからまたトマスンの蔵書は、彼の死後一〇〇年ちかく、買い手がなかった。

おなじ理由で、図書（印刷物）よりも手稿が尊重されたのであって、ハーリー・コレクションも、エドワード・ハーリーの死後、手稿は、未亡人によって継承され、一七五三年に議会によって購入されてブリティシュ・ミュジアム（一七五九年創立）の基礎となるのに、図書のほうは、はやくも一七四二年に、製本代よりはるかにやすいといわれた値段（一万三〇〇〇ポンド）で、古書籍商トマス・オズボーンに売却されてしまうのである。貴族の集書熱は、まもなくレノルズやゲインズバラの絵が出現すると、それに吸収されて消滅する。

2

オズボーンにとっても、ハーリー蔵書は重荷であった。一七四三—四五年に、ウィリアム・オールディズによる販売用カタログ（五巻）が、サミュエル・ジョンスンの序文をつけて出版され、おなじくオールディズによる『ハーリアン・ミセラニー』初版（八巻、一七四四―四六年）が出版されたことをみれば、散佚《さんいつ》の速度はかなりゆるやかだったようであるが、それはなかなか売れなかったということにほかならない。

その間、抜粋として『旅行・航海記集』（一七四五年）なども出版されたほか、『ミセラニー』そのものは、さらにトマス・パークによる増補版（四つ折版一〇巻、一八〇八―一三年）となった。パークは、彼自身が集書家として知られていたので、一〇巻のうち二巻は、彼の収集による増補であったが、それは彼がこの目的で集めたものの全部ではなかったとい う。パーク版と同時（一八〇八―一二年）に、ジョン・マラムによる八つ折版一二巻がでたことは、この種のものへの需要がかなりあったことを意味するのであろうか。マラムは牧師出身で、トマス・ペインの『理性の時代』への反論の著者である。マラム版には、追加がないだけでなく、序文の筆者がジョンスンであるという注記もない。

ハーリーの蔵書の全貌は、カタログを見ればわかるわけだが、残念ながらぼくの手もとにあるのは、パリの古本屋でみつけた一巻と二巻だけで、収録点数は一万五九四二点（およびプリント二五一枚）にすぎない。それでも、イギリス史や当時の神学論争書――理神論までをふくむ――が、聖書やギリシャ・ローマの古典とならぶとはいわないまでも、かなりの部分をしめていることがわかる。序文にも、「チャールズ二世の治世にはじまり、王政復古におわる、あのイギリス史の注目すべき時代は、ほとんどそれだけでひとつの図書館をみたすであろう。双方の党派（トーリ党とウィッグ党）が出版した図書、パンフレット、ビラの数は、それほど多いのであり、それらは、それほど注意ぶかく保存されているのである」と強調されている。だが、もしカタログ全体が揃ってコレクションの全内容がわかったとしても、それはすでに散佚してしまったのだから、利用可能なのは『ミセラニー』だけなのである。

『ミセラニー』の副題は、「故オクスフォード伯の蔵書のなかにあった、未刊および既刊の、稀少で好奇心をそそり楽しみを与える、パンフレットおよび論文のコレクションに、歴史的政治的批判的な注をつけたもの」となっていて、コレクションの内容をほとんど示していないが、ジョンスンが書いたとされる序文は、「教会と国家にかんするわれわれの基本的制度が自然に、よそでは書かれたことがないか、公表されえなかったような、多くの著作をうみだす」といって、そういう種類の著作がこのコレクションの内容であることを物語っている。

「われわれの統治形態は、ひまか、好奇心か、志向のあるすべての人に、政治的諸方策の適宜性を詮索する権利を与え、したがって、国事の運営を信託されている人びとに、自分たちの行動についての説明を、それを求めるほとんどすべての人にたいして提供する義務を与える。こういう統治形態が、専制的統治のもとではけっして出現しなかったような、無数のパンフレットを生みだしたのだと考えられるのは、妥当であろう。」「もっとも重要な問題についてパンフレットを出版するという慣習は、すでに二世紀以上にわたって、われわれのあいだで有力なものとなってきた」が、とくにピュウリタン革命期は「パンフレットの時代」とよばれ、王政への復帰も事情を変えなかった。つまり、ここに集められたのは、十六世紀なかばから十八世紀初頭にいたる、イギリスの政治と宗教についての、批判的パンフレットなのである。反体制論集といいきるには躊躇するが、言論とはそもそも現状批判なのだということを、トーリ党の指導的政治家としてのハーリーが自覚していたとすれば、『ミセラニー』は、資料としての重みに加えて、それを収集したことの重みをもっているわけである。

3

この種のコレクションは、ハーリーだけがやったのではなかった。ハーリーの政敵のひとりウィッグ党のジョン・ソマーズ（一六五一―一七一六年）は、集書においても彼のライヴァルであったし、一六九七年にはすでに、「学問と図書にかんする偉大な審判者」といわれていた。ただし、彼の本格的な集書は一七〇〇年からしばらくの政治的引退期だといわれるから、ハーリー父子よりはるかに短いし、冊数も現存するカタログ（アディスン文書）によれば約九〇〇〇冊であり、手稿はさらにすくない。内容は、神学がもっとも多く、哲学的医学がこれに次ぐが、他方で、名誉革命以降二五年間の重要出版物で、彼が入手しなかったものはないともいわれている。彼は、ロックやシャーフツベリの友人であり、アディスン、スティールのようなウィッグ系文筆業者だけでなく、トーリ系のスウィフトにも好意をしめしたので、彼らから、ときには献辞つきで著書の寄贈をうけたのである。念のためにいえば、ハーリーのばあいもそうだが、この時代の神学論争はたいてい、同時に政治論争であったことに注意すべきである。

ところが、ソマーズのコレクションの末路は、ハーリーのばあいよりも不運であった。図書は、ソマーズの死後、義弟ジキルと姪の夫ヨークによって継承されたが、その後は散佚の道をたどり、手稿――ソマーズ自身が書いたものもふくめて――は、チャールズ・ヨークがリンカン法学院に保管していたとき、一七五二年の火事でほぼ全焼してしまった（残りは『国事文書雑録』として、一七七八年に出版）。ちょうどその直前に、一七四八年から五二年にかけて、いわゆる『ソマーズ論集』が、四冊ずつ四回に分けて出版された。フル・タイトルは、『王室、コトン、サイオンおよびその他の、公共および私人の蔵書、とくに故ソマーズ卿の蔵書の、数知れぬもののなかからえらばれた、稀少かつ貴重な論文のコレクション』であって、ソマーズ蔵書――おそらくジキル家蔵書であろう――だけによるのではないとはいえ、とにかくこれによって、その一部分でも利用できるのは不幸中の幸いである。

一八〇九年から一五年にかけて、すなわち『ハーリアン・ミセラニー』のパーク版と並行して、『ソマーズ・トラクツ』の第二版一三巻が発行された。編集者は、『マーミオン』（一八〇八年）や『湖上の貴婦人』（一八一〇年）などによって文学的名声を確立しつつあったサー・ウォルタ・スコット（一七七一―一八三二年）であった。スコットの序文によれば、彼ははじめ、『ハーリアン・ミセラニー』と『ソマーズ・トラクツ』をあわせて増補版を編集することを考えていたが、パーク版が出版されはじめたので、計画を変更したのだそうである。

だから、スコットのみるところでは――われわれのみるところでも――、ふたつのコレクションは共通の性質をもち、相互補完的なのであって、この点についてスコットは、つぎのように述べている。「もしハーリアン・ミセラニーが、古いパンフレットの珍しい収集、一般に情報の多様性においてまさるとすれば、この著作（ソマーズ・トラクツ）は、イギリスの歴史と政治に直結した論文を多くふくむことを誇っていいだろう。……ハーリアン・ミセラニーは歴史好きな人にひじょうにおおきな楽しみを与える、といってまちがいないだろう。」

＊　E. S. Roscoe, *Robert Harley Earl of Oxford, Prime Minister 1710-1714, a study of politics and letters in the age of Anne*, London 1902. J. A. Downie, *Robert Harley and the press. Propaganda and public opinion in the age of Swift and Defoe*, C. U. P. 1979.

知の商人——ストラーンのばあい

1

グーテンベルクによる活版印刷の発明は、著作という知的生産物の複製を可能にした。この生産物が商品になるには、民衆語としての国語の成立、識字率および文化購買力の上昇が必要であったが、宗教改革の結果としての国語訳聖書の普及が、商品化の促進に役立ったことは、容易に想像できる。といっても、聖書や説教書だけでは商品化にも限度があり、その限度を越えることを可能にしたのは、一方では、宗教論争から政治論争へと言論戦の舞台が拡大され、他方では、学問・芸術——とくに小説——が市民生活のなかに浸透したことである。もっと一般的に、「ニューズ」への需要が強かったということも、それに飽食しているわれわれには実感がわかないが、だいじな要因である。

一七〇九年に、イギリスで版権法が成立したことは、知的生産物が商品として認められたということでもあった。この法律は、出版権だけでなく著作権をも保護しようとした点で画期的なものではあったが、それから三〇年たった一七四〇年にデーヴィド・ヒュームは、グラーズゴウ大学の道徳哲学の教授であったハチスンに、『人間本性論』第三巻の出版業者を紹介してもらいたいとたのんだとき、自分が、著作権の売却について、出版業者との交渉に熟達していないことを嘆いている。「私は、新しい著者と一版だけの契約をする出版業者は、ほとんどまたはまったく、いないだろうといわれました」とヒュームが書いているように、当時の出版業者の活動の中心は、オリジナルな著作よりも、シェイクスピアやミルトン、あるいはその他の名作選集であって、それの出版権を商品として保護することが、版権法の第一のねらいだったのである。

名作の再版をめぐる過当競争（？）が版権法を成立させたのだとすれば、それによってオリジナルな出版がとくに促進されたとはいえないであろうが、この法律が、知的商品生産の社会的比重の増大の、ひとつの指標であることはたしかである。もう一度ヒュームの手紙を引用すれば、彼は、『道徳感情論』が出版された直後のアダム・スミスにあてて、つぎのように書いた。「ミラーはおお喜びで、三分の二はもう売れたし、いまでは成功疑いなしだと吹聴している。本の価値を、それから得られる利潤だけではかるとは、なんというとんでもない男だろうね。」ミラーは、ロンドンの出版業者で、スコットランドの出身であり、ヒュームの『大ブリテン史』の出版を第二巻からひきうけていた。したがって、『道徳感情論』の出版についても、ヒュームが、かつてハチスンにしてもらったように、年下の友人スミスのために斡旋したのではないかと考えられる。

文壇の大御所サミュエル・ジョンスンが、「ぼくはミラー氏を尊敬するよ、彼は文学の値段をあげてくれたのだから」と言ったように、ミラーは、著者に対する寛大な支払いで有名であり、ジョンスン『英語辞典』をはじめとして、フィールディングやトムスンの作品を出版したが、一七六七年に引退して、あとを共同経営者トマス・カデルがついだ。しかし、実質的に、出版業者・印刷業者かつ学芸保護者としてのミラーのあとをついだのは、ウィリアム・ストラーンだったようである。

2

ストラーン*は、ミラーとおなじくスコットランドの出身で、父はその名をStrachanと綴っていたから、ストラハンとよんだのだろう。chをhに変えたのは、ウィリアムが、一七三〇年代後半にロンドンで印刷業を始めるときに、スコットランド特有のつよい「ハ」の音を隠すためであったかもしれない。父のジョージ・ストラハンは、エディンバラ大学で法律を専攻したリース税関書記——税関長というべきかもしれない——であったが、長男のウィリアムは、エディンバラ高校をでると、父のあとをつごうとしないで、印刷業者の徒弟となった。

大学出のエリート官僚——いわゆるキャリアー組ではないが——の長男が印刷工になっても、当時はなんの違和感もなかったというから、その三〇年ぐらいあとにグラーズゴウ大学で、実験機械修理工のジェイムズ・ウォットが、アダム・スミスをはじめとする教授連と親交をむすんだのも、とくに例外的な事件ではなかったのだろう。おなじ大学で出版を担当したファウルズ兄弟のばあいも同様である。

ウィリアム・ストラーン（発音辞典的表記による）は、当時の慣習どおりならば、一七二九年に一四歳で徒弟になり、三六年に職人（ジャーニマン）になったはずであるが、はやくも三八年夏にはロンドンに出てきている。そのころのロンドンには、四一軒の印刷業者があり、それ以外の地方全体で三七軒だったというから、ストラーンも業界の中心地を目ざしたのだろう。

ウィリアム・ストラーン

一七三九年三月に始まるストラーンの帳簿は、はやくも翌月にはミラーとの取引きが開始されたことを示し、彼がミラーのために最初に印刷したのは、ジョージ・ターンブルの『道徳哲学原理』であった。まもなく、ヌーンとの取引きも始まっているから、ヒュームの『人間本性論』がそのなかにふくまれていたかもしれない。まえにあげたジョンスンの『英語辞典』も、出版はミラーその他だが、印刷はストラーンである。

しかし、ここまでのストラーンは、印刷業者としてのストラーンであった。一七七一年の手紙で、彼はつぎのように書いた。「私にすぐわかったのは、書店のために印刷するだけにとどまっていたのでは、生きていくことはできても、それ以上のことはほとんどできない、ということでした。そこで私はまもなく、自分の仕事に関連する他の諸部門に手を出すことを決意し、幸いにもそれに成功して、同業者たちを驚愕させました。……こうして私は、印刷業者という名称を、これまでになかったほどの尊敬をうけるものとし、同業者たちに、従来のような書店への隷属から自己を解放すべきことを教えたのでした。」アダム・スミスの『国富論』、ギボンの『ローマ帝国衰亡史』は、ストラーンによって印刷されただけでなく、ストラーン＝カデルによって出版（発行）されたのである。

出版業者としてのストラーンは、とうぜんのことながら、おおくの著者と親交をもった。彼の家での日曜の夕食は文化人のサロンであり、ヒューム、ビーティ、スミス、ロバートスンなどのスコットランドからの訪問者と、ジョンスンを中心とするロンドン在住の著者が、そこで出会うことも珍しくなかった。アメリカからは、ベンジャミン・フランクリンが訪れた。しかし、これらの名前をみればわかるように、たとえばヒュームとビーティは、まさに不倶戴天の論敵であり、スミスとジョンスンのあいだにも、すくなくとも一時は同じような事情が存在したのだから、彼らがストラーン家で同席したとは考えられない。ストラーンは、敵対する著者たちとそれぞれ親交をむすび、ときには論敵についての「極秘情報」を流したりしている。

そのうえ彼は編集者でもあったらしく、ビーティのつぎのようなことばが、それを証明する。「ストラーン氏は、文章構成と英語について卓越した手腕をもっていて、手紙の文体がみごとであった。彼は〔私に語ったところでは〕ヒューム氏とロバートスン博士のいいまわし（スコットランドなまり）を訂正した。」

3

われわれは、知の商人＝印刷・出版業者としてのストラーンの手紙や談話のなかから、当時の論壇・学界の、いわば舞台裏の情報を掘り起こすことができる。ただし、ヒュームが書きのこした自伝を出版するにあたって、スミスがそれにつけ加えたストラーンあての手紙が、教会側のはげしい反発——無神論者ヒュームが安らかに死ねるわけがないという——をひき起こしたことなどは、舞台上の事件といわなければなるまい。

ストラーンは、政治につよい関心をもち、かなり早い時期から『ペンシルヴェニア・ガゼット』に、議会報告を寄稿していたが、一七七四年から八〇年まではマームズベリ選出の、それ以後はウトン・バセット選出の——といっても議席を買ったのだが——下院議員であった。議員としてのストラーンは、客観的な議会報告の筆者であったほかは、王室御用印刷業者としての地位に忠実で、「ウィルクスと自由」というスローガンを生んだウィルクス事件についても、アメリカ独立戦争についても、政府の支持者であった。それらにかんする記録は、もちろん重要な資料ではあるが、われわれにとっておもしろいのは、やはり舞台裏情報である。

たとえば、アメリカ問題についても、ストラーンが、ヒュームやスミスに——とくにアメリカ支持のヒュームに——向かって強硬策を主張した手紙よりも、『アメリカ史』の著者ロバートスンが、彼への手紙で、つぎのように告白していることのほうがおもしろい。「戦争は、ながく……不名誉なものになるでしょう。私の『アメリカ史』が、この事件のまえに完結しなかったのは幸運でした。そうでなければ、私がつくりあげたはずの、どんなに多くのもっともらしい理論が、いま起こっている事実によって反駁されたことでしょうか！」ミネルヴァのふくろうは、事件のまえには飛ばさないほうが得なのである。

ウィリアム・ストラーンが一七八五年に死ぬと、息子たちはその出版業を継承せず、それはカデルのものとなった。しかし、トマス・カデルも一七九三年に引退して、息子のトマス・カデルとウィリアム・デーヴィーズが事業をひきつぐ。最初の『アダム・スミス全集』の出版は、彼らによって行なわれたが、その直後（一八一二年九月三日）にマルサスが、彼らへの手紙で、『国富論』の注解本（脚注および別巻の附注）の出版を提案している。

話がどちらから始まったのかは、はっきりしないけれども、この手紙でみるかぎり、マルサスはきわめて積極的で、初版について一五〇〇ポンド――続版をふくめて二〇〇〇ポンド――を要求し、仕事を約二年以内に完了すると約束している。スミスが、『国富論』初版の印税として五〇〇ポンドを受け取ったのにくらべて、注解でその三倍というのは、インフレの進行によるのか、著者の社会的地位の上昇によるのであろうか。

マルサスの手紙には、カデル＝デーヴィーズがあまり熱意を示さないことへのいらだちがみられ、じっさいにこの企画は実現しなかった。しかし、マルサスは、翌年のホーナーへの手紙（一八一三年十一月十日）においても、なお自分の注解版の計画に言及しているし、ジェイムズ・ミルもまたリカードゥへの手紙（一八一四年十一月二十四日）で、「マルサス氏は、彼のアダム・スミス注解を、どうするのでしょうか？」と書いているのだから、ビュカナン版『国富論』の出現によって気勢をそがれたにしても、マルサスは、計画を放棄したのではなかったようである。いずれにしても、このマルサスの手稿は、今日にいたるまで発見されていない。話は舞台裏にとどまったということである。

＊ J.A. Cochrane, *Dr. Johnson's printer. The life of William Strahan*, Harvard U.P. 1964. Cf. T. Besterman, *The publishing firm of Cadell and Davies*, O.U.P. 1938.

知の商人――エディンバラの出版業者

1

アダム・スミスの『国富論』を出版したのは、ロンドンのストラーン＝カデルであり、『道徳感情論』も、第四版（一七七四年）からそうであるが、おなじ『国富論』初版のなかにも、タイトル・ページに、ストラーン＝カデルのつぎに「エディンバラのW・クリーチ」と印刷されたものがある（たとえば日本大学経済学部所蔵本）。『道徳感情論』のほうは、第四版からやはりクリーチの名がでている。この例が示すように、ウィリアム・クリーチ（一七四五―一八一五年）はストラーンに協力して、エディンバラで出版活動をつづけ、一七七一年から約四〇年にわたって、スコットランド啓蒙思想の知の商人であった。晩年（一八一一―一三年）には、エディンバラの市長になったこともある。

クリーチは、エディンバラ近郊のミドロジアンの牧師の子で、医者になろうとしてエディンバラ大学に学んだが、出版業者キンケイドと知りあって、その徒弟となり、一七六六年までそこで修業した。どうして医学から出版に転じたのか、役人の子ストラーンのばあいとおなじく、理由はわからない。とにかく彼は、さらにロンドンで修業し、一七七〇年にはキルモーズ卿とともに大陸諸国を旅行して、一七七一年にはエディンバラで、キンケイド゠クリーチ社を設立した。七三年にキンケイドが引退して、クリーチが単独で業務を行なうようになったとき、彼はすでに、スコットランド一の出版業者であった。

キンケイドがクリーチを共同事業者として受けいれるには、ストラーンのつよい推薦が重要な役割を演じた。ストラーンは、一七六六年にクリーチに会って惚れこんだらしく、やがて彼をスコットランドでの協力者に育てあげることを思いついたのであろう。一七六八年にストラーンは、キンケイドへの手紙で、はやく協同事業者ベルと別れて、勤勉実直で信頼できる青年に事業を委せることをすすめている。「あらゆる点からみて、クリーチ氏がそういう人物です。しかし、あなたは私よりもよく彼について判断できるでしょう。」

クリーチが独立してからは、ストラーンの助言は、直接彼に向けられ、一七七四年には、『エンサイクロペディア・ブリタニカ』初版の編集・執筆者として有名なウィリアム・スメリーの印刷業務に出資して、共同事業者となることをすすめている。「有能で、勤勉で、ものわかりのいいスメリーの監督下にある印刷工場は、つねに好評有利な事業であるに違いありません。*」

2

ところが、ストラーンとクリーチの意見が、真向から対立したことがある——決裂には至らなかったが。それは、コピーライトの問題をめぐってであった。コピーライトといっても、このばあいは文字どおり版権＝出版者の権利であって、著者の権利ではないのだが、それはまた、オリジナルな著作というものがまだ少なかった時代の反映でもあったのだろう。当時の問題は、アン女王時代の版権法（一七〇九年）によって保護されているはずの、イングランドの出版業者の版権が、スコットランドとアイアランドの出版業者の海賊版によって侵害されている、ということであった。

一七七三年から七六年にかけて、クリーチをふくむ三人のエディンバラの出版業者が、エディンバラ大学の修辞学教授ヒュウ・ブレア（アダム・スミスの弟子といっていいだろう）の編集で、四四巻のイギリス詩人全集を出版した。ブレアは序文でこの企画を、「国内生産」（スコットランドの）への「賞賛すべき熱意」のあらわれ、と賛えたが、ストラーンにとっては、それは紛うかたなき海賊版であり、彼はクリーチを説得して、この企画から手を引かせようとした。

「バルフォア氏……は、私が個人的な利益を目ざしているのだと考えていますが、それは彼の誤解です。私は業界全体のためを思っているだけで、もし、各人がどんなものを印刷してもいいとなれば、それはたちまち滅亡するに違いありません。そして、もし文筆上の所有権の訴訟問題が、永久所有権を否定する判決におわるか、決定がながく引き延ばされるならば、あなたはできるだけ早く、他の職業を探すほうがいい、と私は思うのです。」

ちょうどそのとき、スタックハウスの『聖書の歴史』の版権をめぐって、ロンドンのオースティンとエディンバラのドナルドスンとの間の裁判が進行していた。『ジョンスン伝』の著者ジェイムズ・ボズウェルはドナルドスン側の弁護士であり、スコットランド啓蒙の両長老ロード・ケイムズとロード・モンボドが、一二人の担当裁判官のなかにいた。判決は、一一対一（一はモンボド）で、スコットランド側に軍配があがった。おなじ種類の問題で、一七六九年にロンドンで判決があったときはイングランドの出版業者が勝ち、四年後のエディンバラでの判決ではスコットランドの出版業者が勝ったのだから、こんどはイングランド側が納得するはずがなく、また同種の訴訟を起こして、しばらくごたごたがつづく。

ウィリアム・クリーチ

形勢はイングランド側すなわちストラーンに

不利であったが、彼のクリーチへの忠告にもかかわらず、ふたりとも転業しなかった。まえにも述べたように、七六年三月にストラーンが出版した『国富論』にクリーチが参加しているし、その年の暮にストラーンが、ブレアの『説教集』をいったん拒否しながら、ジョンスンの意見によって、態度を変えて出版に参加することになるのも、きっかけはクリーチの提案であった。

この『説教集』は、五巻という大部のものでありながら、世紀末には三〇版を越えるほどの売れ方であった。ストラーンとクリーチは、これで大もうけをして、ブレアに何回も追加払いをしたのである。ストラーンはクリーチへの手紙で、「私は、ある著作がだめだと思ったばあいに、その判断が誤解であるとわかると、いつも喜びを感じますし、そのことを認めるのを、恥かしいとは決して思いません」と書いている。

3

共同出版におけるクリーチの主導は、ブレアの『説教集』がはじめてではなかった。ケイムズの『人類史素描』(一七七四年) はクリーチの提案で決定され、エディンバラで印刷されてロンドンに送られたのであり、それに対してストラーンは、「あなたがご親切にニューカスル急送便で送って下さった、ケイムズ卿の新著第一巻を受け取りました。まだおおくを読んではいませんが……この著者がおおくの独創的な才能をもっていることは、私には明らかにわかります。……私たち（ストラーンとカデル）は、あなたの提案に感謝し、この本を読書界にひろめるために、できるだけのことをするつもりです」と書いた。

たしかに『人類史素描』も成功した。しかし、つづいてクリーチが、ケイムズの農業論を出そうとしたのには、ストラーンは反対した。ストラーンの手紙は、一七七六年七月のものであるから、『ジェントルマン・ファーマー』（一七七六年）をさすのだろうと思われるが、「ケイムズ卿の農業論の原稿については、それはとうていあなたが受けいれる値うちはないと思います」とストラーンはいい、さらにケイムズをふくめた著者たちの要求金額について、つぎのように述べている。「あなたは、今日の著者たちの途方もない要求を、生き生きと、しかもきわめて正確な色どりで描きだしました。農業についての八つ折版ただ一巻で三〇〇ギニーとは、彼らはまったくあらゆる想像を越えています。ばかばかしい。そういう値段を償却するには、どんなに多くの部数を売らなければならないことでしょう。あなたの忠告のとおり、しばらくの間、著者たちを相手にしないのがいちばんいいと思います。ファーガスン博士もまた、一〇〇〇ポンドという提案を軽蔑をもって退けました。この金額は、きわめて最近まで、スコットランド人の教授が、いやどんな教授でさえも、けっして口にしなかったものなのです。」こう書いたのはストラーンであるが、著者への支払いについては、クリーチも同意見であることがわかる。

じっさいにクリーチは、ロンドンのミラーやストラーンが学芸保護者として有名だったのと反対に、著者への支払いが悪いので有名であった。もっともよく知られている被害者は、詩人ロバート・バーンズである。ただし、クリーチ自身も、エディンバラ商業会議所の初代事務局長としての貢献に対して、いっさいの金銭的報酬を受けることを拒否したという。

4

金払いは悪くても、クリーチの店は、エディンバラの知識人の溜り場であった。クリーチ自身が名士を招く――午前は自宅、午後は店で――「クリーチのレセプション」が有名であっただけでなく、やがて裁判官として頭角をあらわすヘンリ・コウバーンが、『回想』のなかで述べているように、「彼（クリーチ）は、彼の店の位置の恩恵をずいぶん受けていて、それは……聖ジャイルズ教会の北の建物の……東端であった。……店の位置のために、それは自然に、法律家、著作家、それに、いつも具合のいい巣を求めて飛び回っている、あらゆる種類の文筆的ひま人の溜り場になった。だれか詩人や珍客を見ようと思う人びと、あるいは政界情報、アースキンの最近のジョーク、きのうの議会のできごとを聞こうと思う人びと、あるいはその日の出版物や新聞を手にいれようとする人びとは、すべてここに集まったのだ。」

エディンバラの地図を見ればわかるように、聖ジャイルズ教会は、城と宮殿をつなぐ道路の中心部をなすハイ・ストリートの起点にあって、裁判所と議会にはさまれていたのだから、コウバーンの指摘するとおりであろうが、クリーチの人気を場所のせいだけにするのはいささか酷であって、彼自身が、すでに一七六四年に「思索協会」の創立者であったというような、ひとかどの知識人だったのである。一七八三―八五年にこの討論協会の会員として活躍したバンジャマン・コンスタンも、クリーチの店の常連であったかもしれない。

クリーチには、ただ一冊の小著があって、『エディンバラ随想』という題をもつ。表題ページには一七九一年出版としてありながら、内容は一七九三年に及んでいるという奇妙なものだが、一七六三年から三〇年間のエディンバラ事情の、興味あるルポルタージュであり、コウバーンは、クリーチの叙述は一般に正確であると証言している。そのなかでも彼は、一七六三年のスコットランドにはほとんど存在しなかった文筆業が、八三年には隆盛をきわめていることを、ヒュームの『イギリス史』の著作権料の変化などを例にして説明し、さらにブレアの名をあげて、いまや牧師でさえも説教を出版して報酬をえているという。

その後まもなく（一七九五年）、ハイ・ストリートに店を開いたコンスタブルが、ウォルタ・スコットとともに、知的商品生産をさらに促進し、気前のいい支払いによって、クリーチの渋面を時代おくれにしてしまうのである。

＊　一九七五年にエール大学で開かれた第四回啓蒙思想国際会議で、スティーヴン・パークスは、主としてストラーンの手紙によって、「スコットランド啓蒙の商品化――ウィリアム・クリーチの出版活動」について報告した。しかしこれは、会議報告集には掲載されていない。

バーゼルのトゥルナイゼン

1

フランス風にトゥルネザンと読むのか、ドイツ風にトゥルナイゼンと読むのか、バーゼルという土地がスイス、フランス、ドイツの境界にあるので困るのだが、どちらの固有名詞発音辞典にも、この名前はのっていない。しかし、十八世紀の後半にこういう名前の出版業者がバーゼルにいて、イギリスの出版物を、原語のままで、大陸向けに出していたことは、紛れもない事実である。

アダム・スミスの『道徳感情論』（一七九三年）と『国富論』（一七九一年）、ファーガスンの『市民社会史論』（一七八九年）、ブレアの『修辞学・文学講義』（一七八八年）、ジェイムズ・ステュアートの『経済学原理』（一七九六年）、ギボンの『ローマ帝国衰亡史』（一七八八―八九年）というように、当時のイギリスの名著・大著が、続々とトゥルナイゼンによって出版された。『道徳感情論』の題名のもとになったというレヴェク＝ドゥ＝プイイの

『快適感情の理論』（一七九四年）は、もとがフランス語なのだから、そのままのほうが大陸での市場はひろいだろうと思われるのに、トゥルナイゼンは、わざわざ英語訳で出版しているのである。このさいごの例は、トゥルナイゼンが、大陸市場だけを目標にしていたのではないらしい、という推定を可能にする。ドゥ＝ロルムの『イギリスの国家構造』も同様である。トゥルナイゼン版はすべて、イギリスの原版からみれば「新版」なので、タイトル・ページにそう記されているが、トゥルナイゼン版として版を重ねたものは、ほとんどないらしい。

バーゼルは、マルタンによれば、一四七一年以前に印刷・出版業をもっていたヨーロッパ一四都市のひとつであり、宗教改革期には、異端（反カソリック）書の出版地として、とくにフランスの政府と教会の憎悪の的であった。たとえば、一五二一年にルターの教義がソルボンヌで異端と判定されると、ルター派文書の出版が容認されていたバーゼルでは、フランス向けのこの種の出版が、急激に活況を呈する。そして他方では、アイゼンスタインの指摘のように、カルヴァン支配下のジュネーヴにおけるきびしい信仰＝思想統制に対して、カステリオなどの寛容論を支持したのも、バーゼルの出版業者であった。エラスムスの著作のうち、かなりの部分がバーゼルで出版されたのも、こういう事情と無関係ではあるまい。リヨンについて、「文化的に不毛なこのローヌ河畔の都市を、彼ら〔印刷業者〕は、肥沃で活発な知的中心地に転化させた」（アイゼンスタイン）と言われていることは、不毛とはいえないバーゼルには、もっとよくあてはまるであろう。

とはいえ、これらの印刷・出版業者が、意識的な自由思想の闘士であったと考えることは、贔屓の引き倒しで、トゥルナイゼンたちの大陸版イギリス書のばあいも、直接の関心は、思想の自由よりも営業の自由にあった。一方では、大陸におけるイギリス文化への関心の増大――アングロマニアということばも生まれた――、他方では、大陸の低生産費で逆にイギリスの市場にくいこむ可能性があったことが、パリ、アルテンブルク(ライプツィヒ附近)、バーゼルなどでのイギリス書出版を促進したのである。

2

イングランドの出版業者たちは、一七〇九年の版権法によって保護されているはずの彼らの権益が、ダブリンとスコットランドの廉価海賊版によって侵害されていることについて、くりかえし不満を表明し、スコットランドの同業者に対しては、しばしば訴訟を起こした。しかし、イギリスの版権法の効力が及ばない大陸諸国については――おそらくアイアランドについても――、手の打ちようがなかったのである。

大陸版は、本国版の二分の一ないし三分の一という安さだったから、本国の業者にとってはおおきな脅威であり、彼ら(とくにロンドンの業者)は、大陸への書籍輸出の減少について、議会への請願をかさねた。廉価版のイギリスへの逆輸入も指摘されているし、版権譲渡の交渉があっても、すでに安い海賊版があるために値切られてしまうともいわれている。一八四一年に、ライプツィヒのタウフニッツが、大規模な『イギリス・アメリカ著作家文庫』の刊行をはじめたときには、版権の調整はできていたのであろうが、トゥルナイゼンの活動は、その約半世紀まえのことである。

大陸ではすでに一七七〇年代はじめに、スターンやゴールドスミスなどの文学作品の海賊版が出ていたが、トゥルナイゼンは、一七八八年から一八〇三年までの間に、文学から思想へと手をひろげた。トゥルナイゼン版の特徴は、その領域（内容）だけにあったのではなく、ギボンが原出版者カデルへの手紙で、「活字はきれいであり、紙は我慢できるものであり、校正はみごとに正確であるということを、私は悲喜こもごもの気持で、あなたにお知らせします」と書いているような、印刷・造本技術の水準の高さにもあった。『ドイッチェ・メルクール』（一七八九年七月）は、用紙も印刷もイギリス版と比較できるほどだ、とし、『ゲッティンゲン学術情報』（一七八八年三月二十九日）も、ボリングブルックの『歴史の研究と効用』について、同様な褒め方をしている。

しかし、出来のいい海賊版というのは、原出版者にとってはかえって困るわけで、一年たつとギボンの手紙は、もはや悲喜こもごもではなく、「あなたの版権を、外国の海賊版による予期しない侵略から守るために、なにか手を打つといいでしょう」という警告に変わった

（一七八九年二月十一日）。パリのビブリオテク・ナシオナルにあるロバートスンの『カール五世史』（全四巻）は、第一巻がロンドン・エディンバラ、一七八八年となっているのに、あとはすべてトゥルナイゼン版であり、しかも、この年にイギリス版が出た形跡はないので、第一巻は偽版と推定される。* つまり、トゥルナイゼンは、まずイギリス版を偽造して第一巻を出し、その売れ行きをみたうえで、自分名義の海賊版を出したということで、ギボンの警告には十分な理由があったのである。

しかし、海賊版でもうけるためならば、文学作品のほうが有利であるはずなのに、この領域でのトゥルナイゼンは積極的ではなく、ポープとシェイクスピアの著作集のほかには、バーゼルのルグランやストラスブールのルヴローなどの同業者と共同で出版したものが何点かあるにすぎない。ルグランとの共同出版でも、むしろ理神論者ミドゥルトンの『キケロ伝』のような意外なものが目につく。やはり全体としては、トゥルナイゼン版についての当時の定評であった「歴史と哲学」ということばが当っているといえよう。

イギリス書以外では、トゥルナイゼンは、ゴータのエッティンガーと共同で、一七八四―九〇年に七一巻の『ヴォルテール全集』を、また、一七九三―九五年に三四巻の『ルソー全集』を出版した。いずれも著者の死後のことであり、革命の混乱期にかかっているから、版権法はないも同然だったのかもしれないが、海賊版の一種には違いない。

これまでにたどってきた出版傾向は、前出に加えてつぎのようなスコットランド啓蒙思想家の著作をあげれば、さらに強く印象づけられるだろう。ファーガスンの『ローマ共和国史』と『道徳哲学要綱』、ケイムズの『批評要論』と『人類史素描』、ヒュームの『イングランド史』『評論集』『自殺論・霊魂不滅論』、ミラーの『階級区分の起源』、ロバートスンの『アメリカ史』『スコットランド史』『インドについての古代人の知識』、スミスの『哲学論文集』、ギルバート・ステュアートの『ヨーロッパ社会の展望』、スモレットの『イングランド史』と、約一五〇点のうち五〇点がこの種のものなのである。**

3

バーゼルの出版業の伝統とトゥルナイゼンの出版傾向を結びつけて考えると、多少なりとも思想的関心をもった出版業者の像が浮かび上がってくる。

では、ヨーハン・ヤーコプ・トゥルナイゼン（一七五四—一八〇三年）とは、何ものであったのか。彼の幼少年時代や学歴については、なにもわかっていないが、父は同名ヨーハン・ヤーコプ（一七二三—八七年）、兄はエマヌエル（一七四九—一八〇六年）で、ともに印刷・出版業者であった。父の代の出版物には、せいぜい法学教科書としてグロチウス、プーフェンドルフがあるくらいで、西ヨーロッパ啓蒙思想の痕跡はない。息子のヨーハンは、大学教育を受けなかったらしいので、彼と啓蒙思想をつなぐものとしては、つぎの三つを考えることができよう。ひとつは、ライプツィヒの出版業者ブライトコップのもとでの徒弟修業、もうひとつは、洗礼立会人であったハンス・ベルンハルト・メリアンの影響で、後者はベルリン王立アカデミー会員であり、ヒュームの『哲学著作集』フランス語訳（アムステルダム、一七四八年）の訳者であった。そして第三に、決定的なものとして、イーザク・イーゼリーン（一七二八―八二年）を中心とするバーゼル後期啓蒙の影響である。

スイスの重農主義者ともよばれるイーゼリーンの初期の著作、『歴史的諸考察』（一七五四年）や『人類の友の哲学的愛国的夢想』（一七五五年）は、父トゥルナイゼンによって出版または印刷されたし、イーゼリーンは、この時代には、ヨーロッパ啓蒙の新刊書を買うために、しばしばトゥルナイゼンの店を訪れた。彼の主著のひとつである『人類史についての哲学的推測』（一七六四年）は、スコットランドとフランスの啓蒙思想の影響なしには考えられないから、イーゼリーンを氷山の頂点とするような知的雰囲気が、息子のヨーハンの出版企画に方向を与えたということであろう。二人が個人的に特に親交があったとは思えないけれども、イーゼリーンの死後まもなくトゥルナイゼンは、検閲委員会に対して、ヴォルテール全集出版の合法性・正当性を主張したとき、市政府書記官として法律をよく知っていたイーゼリーンがこの出版を希望したことを、論拠のひとつとしたのである。

ところがまもなく、フランス革命が起こると、トゥルナイゼンの経営は不振におちいる。その頃までは、雇人七〇人をもってスイス最大といわれていたのに、一七九四年には建物を売却して、急速に経営規模を縮小するのである。理由はよくわからないが、製紙工場の経営が、革命期の混乱でうまくいかなくなったためだともいわれる。もちろん、出版物の流通も——検閲こそなくなったが——、円滑ではなかったであろう。

ヨーハン・ヤーコプは結婚しなかったので、彼が一八〇三年に死んだあと、経営は兄のエマヌエルがひきついだが、彼もまた独身のまま三年後に死んだ。その後もなお、パリやカッセルにトゥルナイゼン書店があったという説もあるが、たとえそうだとしても、その役割は完全に終わっていた。

＊　ただし、アメリカの議会図書館には、全四巻の一七八八年トゥルナイゼン版があると、『ナショナル・ユニオン・カタログ』に報告されている。

＊＊　Martin Germann, *Johann Jakob Thurneysen der Jüngere 1754-1803*, Basel u. Stuttgart 1973. 巻末にカール・シュヴァーバーによるトゥルナイゼン出版目録がある。ジャイルズ・バーバーの論文（『ライブラリ』一九六〇年所収）は、ゲルマンの著書によって乗り越えられた。

固有名詞の読み方

1

トゥルネザンかトゥルナイゼンかというところまで深入りしなくても、外国語のかな表記の問題は、日常生活のなかにいくらでもある。

ボクシングの審判はレフリーとよばれるが、学術雑誌の論文審査員はレフェリーである。図書館員は参考図書を、レファレンス（またはレフェレンス）ブックという。辞典で発音記号をみるとレファリー、レファランスである。領収書を、ふつうの店ではレシートというのに、医療関係ではレセプトとよぶ。こうなると、ことばの正統性とか発音表記とかに神経を使うのは、ばかみたいな感じがする。個々の発音よりも、アクセントがきめ手なのだという説もあって、たしかに、関西弁でオレンジといえば、アールがエルの音になっていても十分通用するし、シュガーのアクセントでシガーといえば、やはり葉巻ではなくて砂糖を持ってくるのだ。

しかし、あまり無関心でいると、外国語を話すときに日本流の発音がそのまま出てしまって、相手を面くらわせる。そのためにぼくは、最初の留学（一九五四—五六年）のとき、自分が「アダム・スミス」の研究をしにきたのだということを、経済史の大家ジュリア・ド・レイシー＝マンに、ついに理解してもらえなかったようであり、ほとんど同じころ、あるフランス経済史の大家は、パリで、一枚看板の「農民的土地所有《プロプリエテ・ペイザンヌ》」が通じないで、お手あげであった。

翻訳のばあいは、どう発音するかという問題と、どう表示するかという問題が、からみ合いながら出てくるので始末が悪い。いくらイギリス流の正確な発音だといっても、「プロウレテアリアト」では、万国のプロレタリアートは、とまどうだけで団結どころではあるまい。

プロレタリアートは、ブルジョアジーとともに、もう日本語として定着しているから、翻訳者がなにも好んで苦労することはないのだが、固有名詞はこまる。もとの発音を確かめたうえで、それをかなで表示しなければならないのに、よほど親切な辞書でも、固有名詞の収録件数はきわめて限られているからである。

2

「ギョエテとはおれのことかとゲーテ言い」でよく知られているように、外国固有名詞のかな表示には、先輩たちもずいぶん苦労した。ゲョエテ、ゴェテ等々。だが、このばあいは原発音そのものに疑問があったわけではなく、日本の「かな」のかなしい限界によるのだから、その枠のなかだけの論争だった。トゥルネザンかトゥルナイゼンかの問題にしても、原発音がわからないのではなく、フランス読みとドイツ読みのどちらを採るかということであり、場所がスイスのような多言語国でなければ、それぞれの言語での標準発音にしたがっておくことによって、一応は解決される。しかし、もとの発音がわからないばあいも少なくない。

人名については本人にきき、地名については現地の人にきくのがいちばん確実にちがいないが、それでも問題が残ることがある。というのは、名前は自分がそう名乗るだけでなく、世間がそう呼ぶものでもあるからで、この、いわば自称と、世間でのよび名とが違うばあいがあるのだ。アダム・スミスが生まれたカコーディは、よそではカーコールディとなっていても、現地ではそれでは通用しない。バーミンガムとバーミンハムは、イギリスとアメリカに同じ綴りの地名があって発音が違うのだから、間違えるととんでもないことになるかもしれない。ウースターやレスターの ces がスであるのに、サイレンセスターだけがセスだというのは問題の性質が前とすこし違うが、地名発音の地方的独自性の例であることは変わりがない。

過去の人についていては、本人にきくわけにはいかないから、ケインズが『人物評伝』で、マルサスについてやったような考証が行なわれる。その結果、この人口論者は、モールタスと呼ばれるべきだということになり、イギリスの経済学者のなかには、ケインズに忠実な発音をしている人が多い。そのことを教えてくれたのは、グラーズゴウ大学のアダム・スミス記念講座の教授であったマクフィーである。

とはいうものの、すべてのイギリス人がケインズに忠実であるわけはなく、発音辞典には——ジョーンズもBBCも——、マルサスとなっている。歴史的に正確であるかもしれないモールタスと、現代のイギリスで通用しているマルサスと、どっちが正しい発音というべきであろうか。

綴りが同じで発音が違う例があるように、綴りが違って発音がまったく同じだというばあいもある。哲学者ヒューム Hume と現代イギリスの保守党の元首相ヒューム Home が、同じ発音だからといっても、時代が二〇〇年もちがえば混同のおそれはない。しかし、十八世紀にも、Home と書いてヒュームとよむ思想家がすくなくとも二人はいるので困る。ひとりはケイムズ卿ヘンリ・ヒューム、もうひとりは劇作家ジョン・ヒュームで、前者は哲学者デーヴィド・ヒュームの論敵、後者はD・ヒュームの最後の療養旅行の同伴者である。

ジョンとデーヴィドは、ヒュームの正しい綴りについて、それぞれ自説を主張して譲らなかった。あるときデーヴィドが、面倒だから、賽を投げて論争に決着をつけようと提案したが、ジョンはつぎのように答えた。「それはまったくとんでもない提案だよ、哲学者君。もし君が負ければ、君は自分自身の姓を名乗ることになり、もしぼくが負ければ、ぼくは他人の姓をもらうことになるのだから。」デーヴィドは、その死の十数日まえに書いた遺言書によって、ジョンあてにポート・ワイン六ダースを贈った。ただし、「彼がJohn Humeと自署して確認し、彼自身で一本を二回の食事で飲みきるならば」という条件つきであり、ポート・ワインは、ジョンの大嫌いな酒であった。Humeと自署し、ポートを飲むという「この譲歩によって、彼は、現世の事柄についてわれわれの間に生じた、たったふたつのくい違いを、一気に終了させることになるだろう」というわけである。気むずかしそうな哲学者は、死に面してもこういうあそびを忘れなかった。ポートかクラレットかは、この時代のスコットランドでは、政治的意味さえもっていたのだが、それはつぎの機会にしよう。

3

ケインズのばあいも、本人にきくことによって問題が解決したのだといえば、いまでは驚く人のほうが多いかも知れない。山崎覚次郎『貨幣瑣話』（昭和十一年）に、「Keynesは如何に発音するか」という短文があって、そのなかで発音問題に直接ふれているのは、『東洋経済新報』大正十四年四月十一日号に書いたものの再録であるが、そこだけつぎに引用しよう。

「J. M. Keynes は、一八八三年六月五日、即ち、偶然にもアダム・スミスと丁度百六十年を隔てゝ、同月同日に生れ、其年齢四十歳を超へた許であるが、其名声は今や世界的となつた。然るに、其姓の発音は、我国では区々で何れが正当であるか、不定であつた処、最近氏自身は何と発音するかゞ明かになつた。発音の如きは、何れでも差支ないやうだが、一部同好の人々には全然興味のない問題でもないと思ふ。

K氏の処女作 *Indian Currency and Finance* (1913) を始めて読んだ当時、余は漫然キーンスと発音して、其後氏の所説を引用する毎にキーンスと書いた。然るに、K氏の近業 *A Tract on Monetary Reform* (1923) が岡部菅司、内山直両氏の手で翻訳され、而して「ケインズ貨幣改革問題」と云ふ書名で、昨年十一月に出版された。之を繙くと、其序に左の一節がある。

『Keynes は我国にては多く「キーンス」と発音されて居るやうだが、恐らく例の日本式の出鱈目のものと思ふが故に之に依らず「ジヨウンズ」氏発音辞典其他に拠りて「ケインズ」とした。』

余は上述の如く『出鱈目』党の一人であるが、嘗て倫敦在留の本邦人に此事を問合せた或人の話に依れば、英国でも立派な学者が、其講演に於てキーンスと呼んだと云ふことである。……キーンス必ずしも『出鱈目』でないと思うて、此趣意を岡部氏に申送つたのである。玆に於て、岡部氏は直接本人に問合せるのが、此問題を解決する為めに最も適切と考へて手紙を送つた。而して本年一月十三日付のK氏の書面が先頃岡部氏の許に届いて、同氏から其写が余に贈られた。其一節を掲ぐれば左の如くである。

As regards the pronunciation of my name, I think that your spelling "Keinz" probably represents to your eyes something near enough to the truth. Certainly "Keens" is quite wrong. I should have been inclined to give "Canes" as the phonetic spelling, the pronunciation of my name being practically the same as "Canes" in the expression "Sugar Canes."

人の姓名に就ては、世間の唱へ方に制せられて、本人も遂に之に従ふた実例は、我国でも往々見聞するが、原則としては、本人の唱へ方を正当と看做さねばならぬ。従つて、K氏自身が其姓の発音をCanesに同じだと云ふ以上は、之に依るのが至当であらう。而して此結論に到着したのは、岡部氏が態々問合せの労を取られた為めで、之に対して十分感謝せねばならぬと思ふ。」

「発音の如きは何れでも差支ない」とは、幸福な時代というべきだが、ケインズ自身が発音を説明した手紙は、「一部同好の人々には」興味があるかもしれない。

4

材料の関係でイギリスだけになってしまったが、この問題がほかの国について存在しないわけではない。なじみのうすい国のほうが、「おれのことか」といわれそうな例が多いことは、当然かもしれないが、おなじみのライプツィヒについて、ライプツィクが正しいといったのは、プロイセンの名門フォン・ハッセンシュタイン夫人であり、『一般均衡論』の経済学者ワルラスのばあいは、日本での表記もフランスの発音辞典のそれも、「おれのことか」といわれる種類のものなのである。

Walrasの W は、ドイツ語・フランス語ではヴの系統であるのに、どういうことか日本ではウの系統の発音になっていて、たとえばワルラス、ウェーバー、ワグナーとして定着してしまった。しかし、それぞれの国の発音辞典では、もちろんヴァルラ、ヴェーバー、ヴァグナーである。さらにヴァルラのばあいには、はじめのWのほかに、おわりのSの問題がある。フランス語の原則にしたがえば、おわりのSは発音しないから、発音辞典のとおりであり、イギリスでミークもそう発音していた。ところがアンリ・ルフェーヴルは、南フランスではSを発音する――ヴァルラはモンペリエ出身――のだといい、『ヴァルラスの手紙』の編集者ジャッフェは、『社会科学国際百科辞典』の当該項目の冒頭で、わざわざ「語尾のS

い。

は発音する」と書いているのである。ジャッフェは、ヴァルラスの娘に直接きくことができたわけだから、すくなくとも本人に関するかぎり、ヴァルラスが正しいとしなければならない。

ヴェーバーとヴァグナーは、社会科学のほうでは大体ヴェとヴァになったようだが、同名の音楽家は、まだウェーバーとワグナーで通っている。これには多少の理由が考えられないわけではない。第一は、音楽の都ウィーン、つまりドイツ語圏南部では、ヴィーンよりもウイーンに近い発音なのではないかということであり、第二は、そもそもヴとウが、日本人が考えるほど大きな違いではないのではないか、ということである。第一の南部発音説が正しいならば、社会科学者のヴェーバーも、家系的にはザルツブルク出身だから、ウェーバーでいいことになる。第二の点については、富良野のスキー場でめぐり逢ったオーストリア大使館員の名刺に、「ハイディ・ヴァイザー」と書いてあったので、ウとヴの違いをきいてみたが、彼女には質問の意味がよくわからないようであった。それは、違いがほとんどないのに、なぜきくのか、ということかも知れないのである。

『ケール版ヴォルテール全集』始末記

1

十八世紀イギリスの蔵書家として知られるホラス・ウォルポールは、ヴォルテールが死んだという知らせを聞いて、つぎのように書いた。「私は昨夜、ヴォルテールが死んだということを聞きました。これで人びとは、安心して彼の著作を買うことができるでしょう。彼はもう、あとからあとから書き直すということができないからです」(一七七八年一月十七日)。この知らせは誤報で、ウォルポールの安心は四ヵ月余り早すぎたのだが、ヴォルテールの止まるところを知らない改訂癖に蔵書家が悩んでいたことは、誤報ではない。

個々の著作を書き直すだけではなく、著作集・全集もつぎつぎと異版が出るし、海賊版が出る。海賊版についてはヴォルテールの責任ではないにしても、原版が変わる版数だけ海賊版も多様化するわけだから、まじめな読者はかなわない。パリのビブリオテク・ナシオナルのカタログ*を見ると、ヴォルテールの項だけで一八二三ページもあり、彼の生前に刊行された著作集・全集は五〇点に達する（重複をふくめると一六三点）。選集をふくめれば一〇〇点を越える、とベスタマンは言っている。最初の『著作集』（一七二八年）は、彼が三四歳のときなので、まだとうてい全集とはいえないが、ジュネーヴのクラメールが、一七五六年に全集と銘うって一七巻本を出してからでも、二〇点を越えるであろう。書誌学者ケラールは、この状態を、「一七五六年以来刊行された諸版の、脱出不能の迷宮」とよんだ。

迷宮からの脱出は、まず一七七五年に最初の全集の出版者、そしてひきつづきその後二〇年にわたってヴォルテールの著作の出版者でもあったクラメールによって企てられたが、一方では、ヴォルテールの「改訂マニア」（ベスタマン）と、他方ではクラメールの偽造までふくむ粗製乱造とがわざわいして、「その〔クラメール版全集の〕書誌的な諸問題が、完全に解決されることは、けっしてないだろう」といわれるように、かえって混乱を増大させた。全集であるからには、原則としてもとの著作と同じでなければならないのに、「絶対的に同一だという対応を見つける

ズボンをはきながら書記に筆記させるヴォルテール（ジャン・ユベール筆）

のは困難」という状態であった。

もちろん、それはクラメールだけの罪ではない。なぜなら、二年後に、『百科全書』および『体系百科全書』などの出版者として知られるジョゼフ・パンクックが、妹のシュアール夫人とともにヴォルテールを訪問して、決定版全集を出版したいという希望を述べると、ヴォルテールは承諾して、ただちにまた改訂の仕事にとりかかったからである。やはり、決定版が出るためには、ヴォルテールに死んでもらわねばならないことになる。

幸いに（?）、それから一年たたない一七七八年五月三十日、ヴォルテールは死んだ。パンクックは、ただちに手稿を買い取り、コンドルセを総編集者として迎えて、全集の刊行にむけて準備をすすめたが、まもなく手をひろげすぎた出版事業が財政難をひき起こした。ロシアのエカチェリーナ女帝は、パンクックの要請にこたえて援助を約束したものの、なかなか実現せず、彼はついにヴォルテール全集のための全資料を、『フィガロの結婚』や『セビリャの理髪師』の作者ボーマルシェに売却しなければならなかった。売買契約は一七七九年二月二十九日に署名された。

2

ボーマルシェは、財政的にはほとんど独力で文芸・印刷協会 Société littéraire et

typographique を設立し、編集上はコンドルセの協力をえて、決定版ヴォルテール全集の刊行にとりかかった**。その成果が一七八五―八九年の『ケール版ヴォルテール全集』七〇巻である。協会の名前に「印刷」ということばが入っているのは、ボーマルシェが印刷・造本にも気をつかって、当代一の活字といわれたバーミンガムのバスカーヴィル活字の母型をその未亡人から購入し、紙やインクの製法まで研究したことを意味する。

　ボーマルシェが、なぜそれほどまでに熱をいれたのかはよくわからないが、「世紀の指導的な文筆家の追憶にふさわしいこの記念碑的事業を組織できるのは自分だけだ、という感情」がそうさせたのだ、という解釈（バーバー）がある。こうした熱意は、一面ではたしかに報いられて、ケール版全集は、何千部も売れたし、今日でも「フランスの収集家の蔵書は、これの一揃いを持たなければ完全ではない」（ベスタマン）といわれるほどである。

　しかしその反面で、これはボーマルシェに致命的な財政的打撃をあたえることになる。もともと、いわば素人の出版だったのだから、そういう結果も予想できなかったわけではなかろうが、さしあたってはボーマルシェの熱意がリードして、活字母型購入の衝にあたったファーカースンが、イギリスでの予約募集をひきうけ、印刷所がケールにつくられた。ケールはバーデン辺境伯の領土で、地理的には、フランスとドイツ諸邦、さらにはライン河によってスイスとイギリスへ商品を輸送するのに便利であったし、そのときの辺境伯カール・フリードリヒは、ケネーの弟子で、重農主義リベラリストとして知られていたのである。――ただし、実際には、この出版についてリベラルであったわけではない。

前景気はよかったが、編集助手のル＝テリエは仕事の能率が悪く、パンクックは、ボーマルシェの支払いが完了していないという理由で、原稿の引き渡しをのばした。出版業者たちは、この素人出版に対して、安い海賊版で打撃をあたえようとした。ボーマルシェの『フィガロの結婚』の上演（一七八四年四月二十六日）がパリ郊外のサン・ジェルマンで成功したとき、助手のひとりが、「ケールでもサン・ジェルマンとおなじような成功を」という期待を表明したのは、むしろ現実がそうなっていなかったことを反映する。

海賊版をやめさせるにも金が必要であったし、パンクックに対しては、数年後に支払うべき債務ができていた。――これは、現在は支払い能力がないことを意味する――。編集助手の期待にもかかわらず、その夏には、会計係のカンティニが巨額の負債を残して雲隠れし、ル＝テリエも辞任した。かろうじて一七八四年末（または一七八五年初め）に、第一回配本を予約者に引き渡すことができたとはいえ、ボーマルシェは、それまでの五年間に莫大な金をこの企画につぎこみ、破産同然の状態に置かれていたのである。

予約は二五〇〇セットを越えなかったと推定されるが、ネッケール夫人のように、一人で一〇〇セットというのもあった。ロシアおよびプロイセンへ二〇〇セット、イギリスへ七五セット以上で、全体の一割は宣伝のために、抽選で、予約者に無料で配布された。最末尾が四の予約番号が当りくじだったのである。はじめから無料になることをねらった予約者もいただろう。

ところが、実情は、この全集を公然と宣伝すること自体が、フランスでは不可能であった。ヴォルテールの著書はまだ禁書であり、せいぜい当局者の好意によって大目に見られていたにすぎない。それだからこそ、ケールで出版しなければならなかったのである。刊行が始まると、弾圧も始まった。一七八五年の春から夏にかけて、パリの大司教の四旬節教書と国事会議布告によって、『ケール版ヴォルテール全集』は禁書となった。

3

しかし、禁書をパリに密輸入することは、さほど困難ではなかった。それどころか、大司教教書が出たのとほとんどおなじ頃、ニコラ・リュオーが、ボーマルシェの「協会」のパリ代理人として、『ヴォルテール全集』をふくむ出版物の売りさばきに当ることになった。リュオーの帳簿によると、買い手はフランス各地の書店だけでなく、ヴェルサイユの国王図書館も、この禁書を買っている。外国へは、ケールから直送されるのがふつうであったのだろうが、パリからの送り先も、ペテルブルグ、パルマ、トリノ、ダブリン、ニューヨーク、ハイチと、多様であった。

こういうと、いかにもよく売れたようであり、ボーマルシェは投資を回収したように見えるが、実際はそうではなかった。本に定価がついている時代ではないから、一方で卸し価格、小売価格、小売商マージン、他方で予約価格、直売価格というような問題を、ボーマルシェは、各地に散らばる多様な買い手を考えながら処理しなければならなかったし、バーゼルのトゥルナイゼンとゴータのエッティンガーが、七一巻の海賊版を出版し（一七八四―九〇年）、これがまた市場を攪乱した。バーデン辺境伯との間もうまくいかなくなり、一時はケールから印刷所を移すことも検討された。ボーマルシェは、最後の財政総監カロンヌへの手紙で、国民の名誉となり諸学芸への奨励となるべき「この偉大で破滅的な事業」について訴えている。

それでもとにかく一七八七年五月には、全集の本体が刊行され、八九年には手紙の出版も完了した。ボーマルシェは、八七年から全集のセットを卸売商に安く売りはじめ、一七九〇年には銅版や原画まで売り払った。革命が売りいそぎの原因のひとつであったかも知れないが、それよりも、一七八九―九二年に、パンクックへの負債の支払い期限がきたことのほうが、重要だったであろう。

一七九二年八月に、サン・タントワーヌ大通りのボーマルシェ家に乱入した群衆は、目ぼしい物としては『ヴォルテール全集』のセットしかないことを知った。彼は、これを自宅で売りつづけるとともに、ストックの大部分を、一七九六年にバーゼルのフェッシュに預けた。九九年にボーマルシェが死んだとき、各地の書店に対する債権はかなり残っていたけれども、それらを合計しても残存赤字の一割にもならなかった。

4

こうして『ケール版ヴォルテール全集』は、経済的には破滅的であったが、その後の『モラン版全集』（一八七七―八五年）をふくめて二〇を越える全集は、すべてケール版を基礎としていたのだから、ヴォルテール顕彰というボーマルシェの目的は達成されたことになる。まさしく彼自身が言ったように、「偉大で破滅的な事業」なのであった。

ケール版のテクストに対して、根本的な疑問をなげかけたのはシオドア・ベスタマン（一九〇四―七六年）であって、彼を中心にして編集された一五〇巻の全集は、ようやく完結に近づきつつある。しかし、決定版であるはずのこの全集においてさえ、たとえば『アンリアード』のイギリス版の重要性を指摘したベスタマンの忠告が、直接に編集を担当したテイラーによって無視されているように思われる。ヴォルテールの改訂癖は、まだ後世を悩ましつづけているのだ。

* カタログのヴォルテールの部だけが別に、二巻本として公刊されている。*L'œuvre imprimé de Voltaire à la Bibliothèque Nationale*, 2 vols., Paris 1978.

** Giles Barber, The financial history of the Kehl Voltaire, *The age of the enlightenment, studies presented to Theodore Besterman*, Edinburgh & London 1967, pp. 152-170.

イギリスのワイン

1

グラン・カナリアの観光バスのなかで、ガイドが言った。「私たちはぶどう酒を作りました。ところが、イギリス人はとつぜん習慣を変えて、私たちを破滅させました。」カナリアというのは、地名であるほかに、スペインのダンスの名前であったり、小鳥の名前であったり、ぶどう酒の名前であったりして、おまけにシェイクスピアの用例のように、それらのうちのふたつを同時に意味するばあいもあったりして、ややこしいが、とにかくある時期のイギリスでは、名酒のひとつであった。

イギリスには、ウィスキー、ビール、サイダー（りんご酒）、ミード（蜜酒）ぐらいしか、国産のアルコール飲料がないので、ワイン論議が——ときには貿易上の利害もからんで——やかましい。もちろん、国産酒（とくにウィスキー）についての議論がないわけではなく、また、フランスその他のワイン産出国に、ワイン論がないわけではない。思想史のなかでも、マルクスとモーゼル、モンテスキューとボルドーというような例が、精神《スピリット》と酒《スピリット》が無縁でないこと（ただし、厳密にいえばスピリットは蒸溜酒）を物語っている。しかし、国際比較までふくめたワイン論になると、イギリスのほうが多いようである。

カナリアのワインが、まったくイギリスの消費に依存していたらしいことは、ガイドのことばからも推測できるが、シェリー、ポート、マデイラなども、すべてそうであった。*これらの強化ワイン（ブランディをまぜたもの）の名称に、ブリストル・クリームというような英語が多いのもそのためである。イギリスの小説家サッカリの『虚栄の市』には、ナポレオン戦争後のイギリスで、ポートとシェリーとクラレット（ボルドー産）が並んで家庭用に売られていたことが出てくるし、ラスキンの父は、その頃からシェリー商社ドメックの共同事業者であり、この事業の成功が、ラスキンの教育と教養をささえたのであった。

2

シェリーという名称が、産地名ヘレス・デ・ラ・フロンテラのイギリスなまりであることは、いまさらいうまでもないだろう。だからそれは、はじめはシェリスとなっていたのであって、複数形と誤解されたために、Sがなくなったのである。イギリスには十二――十三世紀から知られ、シェイクスピアのフォルスタフの大好物であったが、その頃はサックまたはシエリ・サックともよばれていた。サックは、スペイン語のサカール（持ち出す、輸出する）からきたものだという。

フォルスタフが飲んだとか、フランシス・ドレイクがスペイン海岸を荒らしたときに、カディス港で積みこんだとかいうシェリーは、カナリアと同じような、ふつうのワインだったのではないかといわれている。そうであるとすれば、ブランディを加えて強化すること――醱酵をとめる効果もあるので、輸出用ワインに適している――は、十七世紀以降に始まったことになる。じじつ、ポートは、一六四八年に、ポルトガルのポルトからイギリスへワインを輸送するときに、ブランディを加えることによってできたものである。

イギリスのワイン商人
ウォルタ・ギルビー

イギリス人がシェリーを飲む慣習は、カナリアとちがって変わらなかった。しかし、食前酒としてドライ・シェリーが中心になったのは、比較的あたらしく、十九世紀末ごろではなかったかといわれる。そのほかにも小さな変動の波はたえることなく、たとえばスペイン内乱（一九三六―三九年）のときには、人民戦線支持派のイギリス知識人のあいだで、どういうことか「シェリーを飲まない」

運動が起こり、また、第二次大戦後の食糧統制中には、「ブリストル・クリーム」という名称が、「なにか特別の栄養をもつかのような誤解」をあたえるから不適当である、と食糧省がものいいをつけたりした。後者にたいしては、ハーヴィー社が、「それならば靴クリームも歯みがきクリームも、そういう誤解をあたえるから、名称を変えるべきだ」と反撃して、もちろん成功した。だが成功をささえたのは、このシェリーが再輸出によって巨額の外貨を獲得していたという事実であった。

3

シェリーにくらべると、ポートやマデイラは、イギリス商人への依存が大きいことは同じでも、イギリスにはいってくるのはかなりおそい。『国富論』にもでてくるメスュイン条約（一七〇三年）が、「ポートの時代」の始まりであり、おなじく『国富論』によれば（第四篇第四章への第三版での追加）、イギリスの貿易奨励法（一六六三年）が、マデイラ島と植民地の自由貿易を許したために、マデイラ酒への嗜好はまずアメリカにひろがり、一七五五年の植民地戦争（七年戦争）に出たイギリスの軍人によって、そこから本国に輸入されたのである。

マデイラ酒は、シェイクスピアにも知られているが、それがブランディによって強化されるようになったのは、十八世紀なかばにすぎない（一七五三年の記録がある）。ポートが、十八世紀のイギリスで、フランスにたいする敵意を表わすために飲まれたとすれば、ややおくれてマデイラは、アメリカで、イギリスにたいする敵意を表わす愛国的なワインであった。ナポレオン戦争は、大陸封鎖によって、前者よりもむしろ後者を助長した。

「ポートの時代」が、メスュイン条約とともに始まったので、この条約の是非についての議論が、ワイン論争として表現されることがすくなくなかった。アダム・スミスも、ワインの名前はあげていないが、ポルトガル・ワインを優遇してフランス・ワインを冷遇するイギリスの貿易政策を、自分の直接の顧客だけを相手にして全体を考えない「いやしい商人たちの卑劣な手くだ」とよんで、きびしく批判した。フランス・ワインが安く買えるのに、なぜその輸入を妨げる必要があるのか、というのである。

しかし、ほんとうにポルトガル・ワイン——ポートを代表とする——が、イギリス市場からフランス・ワイン——いわゆるクラレットを代表とする——を駆逐することができたかというと、そううまくはいかなかったようである。——クラレットClaretというのは、フランス語のクレーレClairetのなまりであるが、内容はまったく別で、クレーレがかるい赤白混合（またはロゼ）ワインをさすのにたいして、クラレットは、ボルドーの赤の総称であり、その典型がメドックである——。たとえば、スミスのあとをついでエディンバラ文化人の中心になるヘンリ・マケンジー（一七四五—一八三一年）の回想記には、十八世紀なかばのこととして、「当時のスコットランドでは、酒呑みの酒といえばクラレットしかなく、ポートは若干の酒屋をのぞいては、知られていなかった」と書かれているからである。ほぼおなじ頃の、グラーズゴウの文学クラブにおいても、夕食にはメドックを飲み、パンチがそれにつづいたと述べられている。デーヴィド・ヒュームは、若いころフランスに住んでいたためでもあろうが、晩年のエディンバラ時代に、「彼の酒蔵には最良のフランス・ワインが、たっぷりと貯えられていた」そうであり、自分でも、「古いクラレットにかけては、だれにも負けない」と書いている。彼が、ジョン・ヒュームにポート六ダースを遺贈したことは、まえに書いた（六七ページ）とおりであるが、それは条件つきであり、無条件で遺贈したのは、自慢のクラレット一〇ダースに、ポート一本であった。

4

こうみてくると、どうも、メスュイン条約の効果を疑いたくなるのだが、「ポートの時代」ということばが、まったく無意味だったわけではない。

たしかに、クラレットはかんたんに駆逐されはしなかった。名誉革命以後のイギリス王朝は、フランスに好意的ではなく——それはステュアート王朝およびジャコバイトの親フランス的態度に対抗する意味もあった——、フランス・ワインをも敵視したのだが、貴族や知識人たちは、クラレットの値段があがっても嗜好を変えようとはしなかった。リンカンシャーの沼沢地帯を利用した密輸業者が、クラレットの有力な供給源になったことも、それを助けたであろう。けれども、メスュイン条約から約一〇〇年のあいだに、イギリスの輸入ワインのなかでのポートの割合は、四〇パーセントから七〇パーセントに増大したのである。

つまり「ポートの時代」とは、安いポルトガル・ワインが、イギリスの民衆生活のなかに浸透していったことを意味する。そして、それはやはり、イギリス全体としてみれば、嗜好の変化を生んだのであって、スウィフトが、「クラレットよりもポルトガルの白ワインのほうが好きだ」とか、「わが家の食事にはポートを選べ」とかいい、ややおくれてジョンスンが、「クラレットは少年向きの酒、ポートは成人男子のもの」と言ったのを、ヒュームたちの生活環境とくらべてみると、ダブリンやロンドンの知識人のほうが、はやく変化の波をかぶったようである。あるいは、ヒュームよりジョンスンやスウィフトのほうが、民衆的だったことになるのであろうか。

十八世紀のポートは、安酒の代表であり、ジンほど敵視されなかっただけである。ジョンスン愛用のポートときたら、砂糖で甘味をつけ（赤玉ポートワイン！）、ブランディを加え、温めたもので、発明者の名前をとってニーガスとよばれていた。これをジョンスンとボズウェルは、二人で毎晩三本ずつ飲み、ボズウェルはふつか酔いに悩まされたのである。だから、十八世紀は、イギリスにおけるワインの暗黒時代だともいわれる。

うまいけれど高いクラレットと、安いけれどまずいポートとの、二者択一をせまられたイギリス人は、一般に後者をとったのだが、それによってポートの市場が拡大・安定し、したがって改良が可能になった。クラレットとちがってポートは、そもそもの始まりからイギリス人の手中ににぎられていたワインであるから、イギリス人が改良するのに障碍《しょうがい》はなかった。こうしてメスュイン条約は、ポートの質をひきあげたことになる。一八三一年に、フランス・ワインにたいする差別関税が撤廃されたときには、ポートが、イギリス人のワインにたいする嗜好を決定してしまっていた。「赤くて、甘いこと」である。

一八六〇年に、グラドストーンが、フランス・ワインの関税を一気にひき下げてクラレットの消費を復活させるが、ポートはかなりあとまで、イギリスの輸入ワインのなかで首位を保っていた。ところが、一八八〇年代から世紀末にかけて、クラレットとポートの消費がともに減少するのである。理由としては三つのことがあげられ、どれが決定的であるかはわからないが、その三つとは、たばことウィスキーと女性解放であった。男たちが食後酒をだらだらとつづけることを、J・S・ミル以後のイギリスの女性は、拒否するようになったのだそうである。ミル自身は酒を飲まなかったのだろうか。

第二次大戦の直後、イギリス労働党政府は、フランス・ワインを奢侈《しゃし》品とみなして高関税をかけたが、まもなく、それがフランスの労働者によって生産されることを発見して関税を下げ、イギリスの労働者たちの手にとどくようにした。これがポートにたいする第二の打撃であった。

＊ A. D. Francis, *The wine trade*, London 1972.

アメリカ革命の導火線

1

ヨーロッパのふるい大学は、修道院または神学校に起源をもつ。北アメリカのそれも同様であって、プリンストン、エール、ハーヴァードなどの名門はすべて、プリンストンの創設者ウィザースプーン（エディンバラ大学出身の長老派神学者で、アメリカ独立議会のニュージャージー代表）のような創設者をもっていた。したがって、その後もかなりながい間、アメリカの名門大学における神学の支配はゆるがなかった。ヴェブレンがエール大学でPh・Dの学位をとったとき、大学教師になりたいという彼の希望を阻んだのは、当時なおアメリカの大学が、人文・社会科学の教師を神学部の卒業生のなかから選んでいたからであり、現代でさえ、進化論を学校で教えることを好まない大統領がいるのである。

しかし、いうまでもなく一七七六年の独立宣言は、神学部から出てきたものではない。大小さまざまな流れが集まって激流となったとすれば、その流れのひとつに、神学の本拠であ

トマス・ホリス

るハーヴァード・カレジに対して、大西洋を越えて二〇年にわたって送りつづけられた、五〇〇〇冊をこえる急進主義文献があった。そのイギリス人の名はトマス・ホリス（一七二〇—七四年）といい、もちろんハーヴァード大学図書館は、その恩恵を忘れてはいない。ベンジャミン・フランクリンはブランド・ホリス（旧名トマス・ブランド、ホリスの親友で遺産継承者。アダム・スミスのグラーズゴウ大学での同級生）に対して、つぎのような感謝の手紙を送っている。「各世紀が、一組一〇〇〇人ずつの三組の世代をもった、ジェントルマンとよばれる人びとの、どのひとつの世代も、このひとりの人が行なったような善行をしていないのです。この善行は、彼自身の国民、彼の同時代者に対するものだけではなく、遠い国ぐにと後世の人びとに対するものでもありました。といいますのは、われわれの社会の福祉にとってもっとも重要な諸主題についての、最良のイギリスの著作者たちの著作を、彼が複製し配布したことの効果は、そういうものであるにちがいないからです。[*]」

反対の側からの非難攻撃もあった。たとえばサミュエル・ジョンスンをふくむ保守グループのなかで、牧師ターナーがつぎのように述べている。「このホリス氏は、こり固まったウィッグあるいは共和主義者とよ

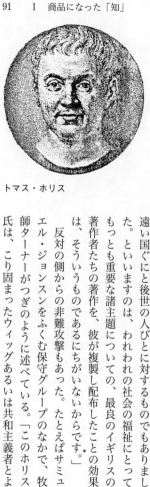

んでいいであろう。彼は、ゆたかな財産を、この王国および近隣諸王国において騒乱と反逆の道を鋪装するために誤用したのだ。……まさにこのホリスが、アメリカの爆発のための最初の導火線を設置したとさえいえるだろう。彼はずっとまえに、ハーヴァード・カレジに、本を寄贈していたからである。」

2

では、どういう導火線を寄贈したのか。ホリスが寄贈したのは本だけではなく、寄贈先もハーヴァードだけではない。彼は、民主主義に関係のあるコインのコレクションを、ハーヴァードに寄附したり、クロムウェルの母校であるケンブリジのシドニー・カレジに彼の肖像を寄贈したりしている。しかし、規模と効果が最大であったのはもちろん本の寄贈であり、そのなかには、ホリスがわざわざ出版させたもの、特別に製本させたものもあった。

彼は、イギリス国内六大学とブリティシュ・ミュジアムへのたびたびの寄贈のほかに、チューリヒ市の図書館には、反ジェズイット文献のコレクションを寄贈し、スウェーデンに対しては、民主主義を助長するための特別出版を行ない、バミューダにまでロック『統治論』の新版を送ろうとした。ところが、バミューダには、哲学者バークリの学校設立が失敗して以来、受けいれ機関がないのではないかという疑問が起こり、あわてたホリスは、アメリカの友人メイヒュウに善処を依頼している。

このさいごの事例、あるいはまたスウェーデン向けの出版や民主主義コインの収集というようなやり方をみると、ホリスのユートウピアン的熱意が、どのくらいの効果を生んだかは疑問とせざるをえないが、スウェーデン人に英語の本を贈るのとちがって、北アメリカのイギリス領植民地では、導火線が一定の効果をもったことは疑問の余地がない。

ホリスの寄贈本の中心テーマは、政治的には民主主義、宗教的には寛容であった。したがってそれは、カルヴィニズムの暴君放伐論にはじまり、イギリス革命の民主主義――ミルトン、ハリントン、マーヴェル、ウィンスタンリなど――、アルジャノン・シドニー、ロック、同時代のキャスリン・マコーリにいたる系列と、ロックにはじまる理神論の系列――コリンズ、トランド、ミドゥルトン――によって構成されていた。のちにエドマンド・バークのフランス革命反対への批判者となるマコーリとは、スキャンダルになるほどの親交を結び、フランシス・ハチスンに対しては、親友のブランドとバロンがともにその弟子であったためもあって（ただしバロンは正規の学生ではない）、ふかい尊敬の念をいだいていた。

ホリスの導火線は、アメリカだけではなくイギリス本国にも設置された。それはたんにイギリスの民主主義文献を出版したということではなく、アメリカ植民地の――したがって独立派の――パンフレットを、ロンドンで復刻出版させたということである。この復刻出版をひきうけたのは、アメリカ支持の出版業者オルモンで、『アメリカの真の感情』（一七六八年)、『おそるべきボストン虐殺の小史』(一七七〇年)など七点ないし一一点が、ホリスの提案によるものとされている。**

もっとこまかく見ていけば、常備軍反対論者(トレンチャード)や宗教審査法反対論者(ホードリ)などもふくまれているので、はじめに引用したように、ジョンスン一派の保守陣営の憤激をよび起こしたのも当然であった。十八世紀イギリス思想についての古典的著作とされるレズリー・スティーヴンの『十八世紀イギリス思想』は、とくに反体制派に対してはおおくの見当違いの判断をふくんでいるが、ホリスについても「なにかの偶然で十八世紀に生まれた、あの奇妙なふるい十七世紀共和主義者」ということで片づけたのであった。

3

ホリスの寄贈書のなかには、小説は一冊もなかった。これは、彼より三歳年下のアダム・スミスの蔵書とおなじで、当時の知識人——もちろん文学者をのぞいて——が、この新しい形態の文学作品をどう見ていたかを示している。詩についても彼は、形式よりも内容を重視したので、全体として文学的センスはなかった、とカロライン・ロビンズは言い、それを埋めあわせるのが美術への関心であったというのだが、これもまた、クロムウェルの肖像の例をみると、民主主義のシンボルとしての評価が中心だったのではないかと思われる。

しかし、図書の選定にあたっては、かならずしも民主主義の基本線一点ばりというわけではなかった。たとえば、ロックの攻撃目標であったフィルマーの『家父長制論』などもふくまれていて、ホリスは、このような反動思想と対比することによって民主主義がかえって明確に理解される、と考えていたようである。

政治思想におけるこのような「寛容」にもかかわらず、そして宗教においても寛容を主張し、ロックの『寛容についての手紙』を復刻させたほどであるにもかかわらず、彼はカソリックを寛容の対象から除外した。チューリヒ図書館に寄贈された反ジェズイット文献もその表われであって、これはホリスがブリティシュ・ミュジアムに寄贈したところ、ミュジアム管理委員会がおそれをなして受け取らなかったために、プロテスタント圏の図書館にまわされたのであった。つまり、当時のイギリスでは、ホリスの反カソリックは例外的であったということである。この例外つき寛容論のために、ホリスはプリーストリと不和になった。「悪魔的」言論のために投獄された理神論者ピータ・アネットに対しては、ホリスは直接に保護の手をさしだしたほどであったが、彼自身は、キリスト教の枠のなかにとどまったらしく、そのことがまた、彼の反カソリック、アメリカ植民地――プロテスタント植民地――支持につながっていたであろう。それは、政治思想において、彼がイギリスの反体制派であったにもかかわらず、イギリスおよびその植民地においてのみ、自由が享受されうると信じていたことに対応するであろう。

4

トマス・ホリスは、ヨークシャー出身の洗礼派実業家の家系を継いで、主としてロンドンで育った。ハーヴァードへの寄附は、祖父の代から行なわれていたし、トマス（同名の五代目）自身もロンドンの非国教徒学校で学びながら、イングランドの大学よりもニュウ・イングランドの非国教徒学校のほうがまさっていると考えていた。したがって彼は、大学教育を受けることなく一七三八年にリンカン法学院にはいり、その後ずっとリンカン法学院のトマス・ホリスとよばれるのであるが、実際に法律的な業務を行なった形跡はない。

一七四八年から五三年に、ホリスは二回にわたる長期大陸旅行でドイツ諸都市、プラハ、ヴィーン、スイス、イタリア、マルタ、コルシカを訪ねた。ロビンズによれば、主としてこのときに彼の思想形成が行なわれたということだが、くわしい内容はわからない。ヴィンケルマン、ヴォルテール、ダランベール、ルソーとの交友、スイスの経済とそれを促進するための諸協会の活動への称賛というようなことのほかには、各国の比較からくるイギリス礼賛が具体的な成果としてあげられるであろう。この時期の彼は、エリザベス女王とクロムウェルとウィリアム・ピット（初代チャタム伯）を、ともに讃える愛国者であった。

この漠然とした愛国心が、イギリスにのみ存在する自由への愛に結晶すると、アメリカ問題におけるピットの政策が、一時的にもせよ友情を絶ち切る。ホリスは、彼と信仰をおなじくするアメリカの友人たちが、国教会およびカソリック教会の勢力拡張をおそれる声にも敏感に反応した。しかし彼は、それらの問題を処理するために政界にでることを――すすめられたにもかかわらず――はっきりと拒否して、啓蒙活動の領域にとどまった。政界は彼にとって、腐敗堕落の世界にすぎなかったのである。

しかし、そういう活動の資金はどこから引き出されたのか。地代収入はもちろんであるが、そのほかに株の配当あるいは売買収益がかなりあったらしく、彼が東インド会社の株を持っていたことが知られている。ところが、こういうビジネスの世界でも彼には奇癖があって、小切手の受取人として、たとえばユニウス・ブルートゥスというような、彼が尊敬する自由の闘士の名前を書くことがしばしばであった。

* Caloline Robbins, The strenuous Whig, Thomas Hollis of Lincoln's Inn, *William and Mary Quarterly*, 3rd. ser. 7 (1950), pp. 406-453.

** Caloline Robbins, Library of liberty-assembled for Harvard College by Thomas Hollis of Lincoln's Inn, *Harvard Library Bulletin*, Vol. 5, Nos. 1 & 2, 1951, pp. 5-23, 181-196.

『エディンバラ評論』の運命

1

一七五五―五六年の『エディンバラ評論』は、アダム・スミスの寄稿によって有名であるが、雑誌そのものは、「三号雑誌」にもならないほど短命であった。スミスが寄稿した一号と二号が、刊行されたすべてだったのである。教会の圧力がこの雑誌をつぶしたのだといわれているが、具体的にどういうことが起こったのかはわからない。スミスの晩年に、ギルバート・ステュアートらによる復活のうごきがあったともいわれるが、実現はしなかった。

しかし、この雑誌をうんだスコットランド文芸復興、スコットランド啓蒙は、十八世紀後半から十九世紀はじめにかけて開花し、その最後の成果のひとつが、一八〇二年創刊の第二次『エディンバラ評論』であった。これは第一次とは反対に、きわめて長命で、一九二九年まで続いたのである。*創刊にあたったのはシドニー・スミス（一七七一―一八四五年）、フランシス・ジェフリ（一七七三―一八五〇年）、フランシス・ホーナー（一七七八―一八一七年)、ヘンリ・ブルーアム(一七七八―一八六八年)で、S・スミスが三一歳であるほかは、すべて二〇代の青年法律家であった。スミスも、法律家を志しながら牧師となり、日曜学校の先駆的形態をつくった人である。

三人の青年法律家は、いずれもラディカルで、ホーナーとブルーアムはエディンバラ大学でドゥガルド・ステュアートに学び、ジェフリはグラーズゴウ大学で、父親に受講を禁止されながらジョン・ミラーの影響をうけた。したがって三人ともアダム・スミスの孫弟子ということになる。彼らが『評論』に力をそそいだのは、急進的な青年法律家であるために、金がなくて暇があったからかもしれない。

『評論』は、経営的にもうまくいって、創刊号は、初刷七五〇部がひと月で売りきれ、すぐに七五〇部の増刷をしたほどであったし、翌年末までに、エディンバラだけで二〇〇〇部以上が売れた(一八〇七年末には発行部数七〇〇〇部、一八〇九年には一万三〇〇〇部)。成功の理由は思想的急進性であり、それが書評のなかにあらわれて、書評論文のかたちをとったことにあった。当時のリヴュウというのは、文字どおりに書評のことで、それがしばしば新刊書の要約にすぎないものになり、読者を退屈させていたので、『エディンバラ評論』の内容と形式の新鮮さがうけたのである。創刊号の二九編の書評のうち、一五編が否定的な批判であった。

成功のもうひとつの原因として、出版者コンスタブルがスミスの意見をいれて、編集者に年俸二〇〇ポンドを支払うとともに、編集権の独立を保証し、かつ、書評者にたいしてもまともな原稿料を払った、ということがあげられる。書評が、ひとつの職業として確立されたのはこのときである。(原稿料は一シートあたり一〇ポンド半だが、このシートが八ページなのか裏表一六ページなのかわからない。)たとえばブルーアムは、一号から二〇号までに八〇編の書評を書いたといわれ、これが当時の彼の生活をささえたのである。定期刊行物というものの成立によって、思想の商品化が、編集および寄稿というあたらしい形態をとったわけである。

2

『エディンバラ評論』の急進的傾向は、奴隷貿易や宗教審査令の廃止、カソリック解放、議会改革、刑事改革などの要求として表現された。とくに一八〇八年に、フランスのスペイン征服についてのセバリョスの著書の書評で、共同執筆者のジェフリとブルーアムが、ナポレオンに反対して起ちあがったスペインの愛国者たちを讃えるとともに、スペインとイギリスの支配階級を非難して、イギリスの政治改革をもとめたことは、トーリ党だけでなくウィッグ党をも激怒させた。『評論』のジャコバン主義を攻撃するパンフレットも現われたのである。

ところが、その後まもなく、『エディンバラ評論』にたいして、いわば左からの批判ができた。代表的な例は、ベンサム主義の機関紙として創刊された『ウェストミンスター評論』（一八二四年）であって、創刊号でジェイムズ・ミルは、『エディンバラ評論』が貴族階級の支配の道具となっていると主張した。「ウィッグ貴族政治御用の砂糖づけプラム製造業者」という名称を、『エディンバラ評論』にあたえたものもあった。

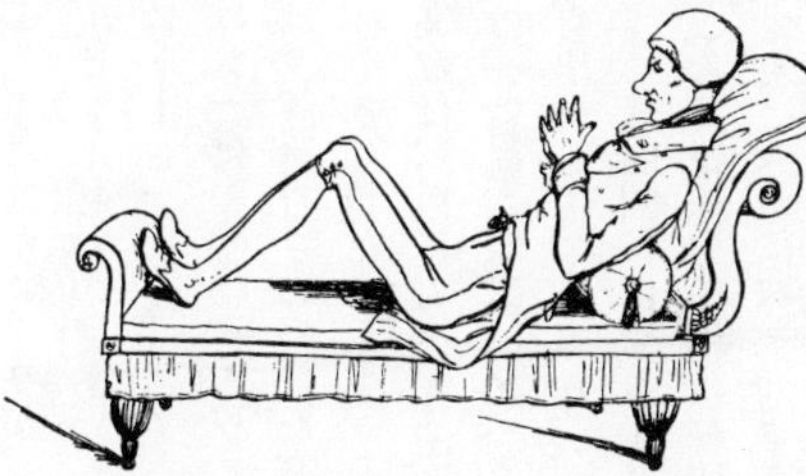

ヘンリ・ブルーアム

ほぼ同時に起こったもうひとつの問題は、あたらしい思想としてのロマン主義にたいして、『エディンバラ評論』が必ずしも十分な理解をしめさず、時代おくれになったことである。このことはとくに、ワーズワスの『遊行』にたいするジエフリの否定的な批評によって有名で、レズリー・スティーヴンは、「あわれなジェフリ」とよんだ。しかし、じつは逆の評価もなりたつのであって、たとえばスタンダールは、一八一八年に『エディンバラ評論』をロマン主義の要塞とよんだし、J・S・ミルの功利主義信仰を動揺させたのは、カーライルがこの雑誌に書いた初期の諸論文であった。

だから、まだこの段階では危機というほどではなく、一八二五年にはマコーリが、西インド諸島の奴隷制に反対した論文で、この雑誌によって論壇にデビューしたのであった。「ミルトン」「マキアヴェルリ」「ベイコン」「チャタム」「グラドストーン」「クライヴとヘイスティングズ」など、彼の有名な論文が続々と掲載され、「ベイコン」は一〇〇ページにたっしたのに、ジェフリは分割も短縮も要求しなかった。マコーリは、評論むきの軽快な文章の創始者であり——J・S・ミルは真剣さがたりないとして、これをきらったが——、それが『エディンバラ評論』をささえることになったのである。彼の文章は、重いもの＝主題を運ぶための気球のガスにたとえられたこともあった。そのころは、『日曜評論』『スペクテイター』『エコノミスト』『ペルメル・ガゼット』などの競争相手も出現し、『エディンバラ評論』自身が、マコーリの浮力に依存していたのである。

一八四四年にマコーリが手をひき、四七年に編集部がエディンバラからロンドンに移ったころ、雑誌の性格に転機がやってきた。一八四五年に、「学問の丘をのぼる道は、荒れていて茨にみち、ペティコート（女性）にはむかないのだ」といい、六九年にはJ・S・ミルの『女性の従属』の書評で、女性はペティコートをきた男性だという平等論に反対して、「それはそうではなく、そうではなかったし、けっしてそうなることはないと確信する」と、マーガレット・オリファントが書いたことからわかるように、『評論』は女性解放というあたらしい時代の要求にたいして、保守の立場をとったのである。——ただし、一八八七年には、いくつかの職業における女性の能力を認めざるをえなかった。

ダーウィンの『種の起源』の書評（一八六〇年）は、聖書による反対論をしりぞけながら、結論としては、自然淘汰が証明されていないという理由で反対し、『人類の由来』の書評（一八七一年）は、ダーウィンほどの高潔な人が、生殖の神秘な力を生活上の支配的事実とみなしたことに対して、遺憾の意を表明している。J・S・ミルの『自伝』の書評（一八七四年）はもっとひどくて、それは人間に対して、この世での所有権とあの世での存在とを拒否するものだから、ルソーの『告白』よりも破壊的だというのである。ジョジフ・チェンバリンもグラドストーンも、アイアランド自治の支持者として、ジャコバンとよばれる始末であった（一八八六、八七年）。

3

女性解放・進化論・植民地支配批判という時代の問題に、以上のようにこたえた『エディンバラ評論』が、つぎの問題すなわち社会主義に直面して、どういう態度をとったかは、容易に想像できる。

一九〇六年に自由党が大勝すると、『評論』は、議会で社会主義が支配的になったと警告を発した。無料給食、老人年金、失業保険――みんな社会主義的であり、有害であるというのだ。「子どもが空腹そうに見えるから、必ず彼は空腹であると推定するのは、まったく不当」であり、じっさいには貧民のあいだに食糧不足はないのだ、と『評論』は主張する。それは無料給食を、すべての社会主義的および準社会主義的提案のなかでもっとも「有害」なものとよんだ。老人年金は、あたらしい困難をつくりだすだけであり、老人にたいする配慮は、国家ではなく個々人がなすべきことなのであった。

『評論』によれば、階級間格差は解消しつつある。村の若者たちは、祖父がぼろをまとって歩いた場所で、自転車に乗り、クリケットをしているではないか。工場労働者にも、海辺での休日があたえられ、だれでも劇場や音楽堂（ミュジック・ホール）に行くことができる。たしかにこれらの改善のうちのいくつかは、労働組合の努力の成果であった。しかし、国家社会主義が労働組合運動の天敵であることに、注意しなければならない。なぜなら、国家がすべての配慮をしてくれると知ったら、だれが労働組合に加入するであろうか。

一九一二年に編集者になったハロルド・コックスは、青年時代には無政府主義者エドワード・カーペンターの影響をうけ、シドニー・ウェブの八時間労働についての著作に協力したほどであったが、それはいわば若気のあやまちであって、第一次大戦がはじまると『エディンバラ評論』に、「社会主義新聞」と「社会主義政治家」に反対する論説を書いたのであり、一九二五年には、所得税の普遍化（低所得免税の否定）、選挙権年齢のひきあげ、公共扶助の改悪、小学校教育の有料化を提案して、保守党の支配に期待したのである。「これら〔の提案〕は、健康な反動の精神をあらわすのであって、それは、波の谷間にいる人が波頭に登ろうと努力するのを励ますものなのだ」と、彼は書いている。

『エディンバラ評論』の、進歩と改革という旗じるしは、ついに反動という旗じるしに変えられた。すでに一九一八年に、エドマンド・ゴスは、リトン・ストレイチーの『ヴィクトリア時代の名士たち』の書評のなかで、つぎのように書いた。「疑いもなく、年とった会葬者たちが、できるかぎりの荘重さをもって、ヴィクトリア時代の葬式に立ち会う用意をするべき時がきたのである。」

『エディンバラ評論』の終刊号は、「反動」コックスの手で、大恐慌の年（一九二九年）に出された。

＊ John Clive, The *Edinburgh Review* : the life and death of a periodical. *Essays in the history of publishing in celebration of the 250th anniversary of the House of Longman 1724-1974*, ed. by Asa Briggs, London 1974, pp. 113-140.

紅茶の話

1

カティ・サークというウィスキーがある。レーベルに描かれている帆船は、ロンドン近郊のグリニッジに保存されているが、ウィスキーをスコットランドから運んだわけではない。中国（香港または福州）からアフリカ喜望峰を廻ってロンドンまで、新茶の輸送にスピードを競った、いわゆるティー・クリッパーのひとつなのである。一八四〇年代後半に始まるこのスピード競争——といっても一八五〇年の最高速度で九五日かかった——は、賭の対象となるほどに激化し、一八六九年のスエズ運河開通で急速に冷却するが、カティ・サークは、その六九年に進水した、さいごのティー・クリッパーのひとつである。この船は、高速を誇っていたテルモピレ号の記録を破るために着手されながら、建造の途中で造船会社を破産させ、進水してからはその目的を達成せず、まもなく汽船にとって代わられたのだから、船としては、けっして幸福であったわけではない。それがウィスキーの名前になったのは、ウィスキーの側の事情によるのだろう。

イギリスといえば紅茶を思いだすほどだが、紅茶がはいってきたのはクリッパーよりずっとあとで、大衆化したのはクリッパーよりあとである。クリッパーが中国茶を運んだということからわかるように、茶がヨーロッパに知られたのは、中国人（および日本人）の飲料としてであった。初期の記録としては、オランダ人ヤン・ファン・リンスホーテンの航海記（一五九五年）が有名で、ヨーロッパに実際に輸入したのもオランダ人であった。ジャワの西端にあるバンタム（バンテン）に、中国茶がはじめて入荷したのが一六〇六年、そこからヨーロッパ各地に送られた。

イギリス人としては、平戸にいたウィッカムが、一六一五年の手紙で、マカオから最良の茶を送るようにたのんでいるのが最初の記録とされるが、本国で茶が知られるのは、もっとおそい。茶がオランダから最初に伝わったのは、イギリスではなく、フランスであった。フランスへは一六四〇年代にはいり、宰相マザランや悲劇詩人ラシーヌが愛用したが、世紀の終わり頃には、競争相手すなわちコーヒーとチョコレートに負けて、姿を消してしまう。それでも、『十九世紀ラルース』に、「フランス茶」とはサルビアの一種の俗称、「ペルー茶」とはココアの俗称、などとずらりと並んでいるのは、ティーの本物が多少は日常生活のなかに根をおろしていたからであろうか。——これについては、まったく逆に、本物のティーがなかったからだという推測も成り立つが。

2

イギリスでは、一六五八年九月に、クロムウェル政権下のロンドンの新聞『メルクリウス・ポリティクス』に出た広告が、最初の記録だとされている。*「あのすばらしい、すべての医師が認める中国の飲料、中国人によってチャとよばれ、他の諸国民によってテイあるいはティーとよばれるもの。ロイヤル・エクスチェンジ脇のサルタニス亭コーヒー・ハウスで販売中。」この広告でも、紅茶がコーヒー店で売られているのだから、当然、フランスと同様な競争が予想されるのである。

実際に競争はあった。イギリスには、コーヒーのほうがタッチの差で早くはいったので、コーヒー店の名称が普及してしまい、十七世紀後半から十八世紀にかけてのコーヒー店全盛時代をむかえるのだが、紅茶愛好者として有名なサミュエル・ジョンスンは、こういうコーヒー店で紅茶を飲み、人びとは、ここで家庭用の紅茶を買ったのである。イギリスで、紅茶がコーヒーを圧倒するのは十九世紀半ばであり、しかもそのばあいにも、ティー・ガーデンやティー・ショップは、コーヒー・ハウスにくらべれば、短命で変質がはやかった。それは、紅茶のほうが家庭にはいっていった、ということにも関係があるだろう。

奇妙なことに、いまではコーヒーが圧倒的につよいアメリカで、ティー・ガーデンが、かなり普及していた。北アメリカの諸植民地では、オランダ領ニューアムステルダム（のちのニューヨーク）に本国から紅茶がはいったのは、イギリス本国より早かったともいわれるくらいで、ここからイギリス領の植民地へと紅茶はひろがっていった。もし、アメリカに紅茶が普及していなかったなら、独立戦争の発火点となった、ボストン・ティー・パーティ事件（一七七三年）は起こらなかっただろう。

ついでに書いておけば、この事件は、よく知られているように、本国の植民地への課税、とくに植民地の税金でイギリスの植民地支配の費用を賄うことへの不満から始まった。課税反対の「節茶運動」が起こり、「ラブラドア茶」という代用品が登場したほどであるが、運動の一応の成果が一七七〇年にあらわれたときも、茶税だけは残った。そこへ、東インド会社が、ロンドンにある滞荷処理の方策として、約一〇万重量ポンドの茶をボストンに送ったため、売値はイギリス国内より安かった——在庫が過剰だったから——にもかかわらず、船が襲撃されて積荷は全部海中に投棄されたのである。その後しばらく、アメリカ水域で獲れてイギリスに送られた魚には、つよい茶の味があったというジョークが残っている。

こういう課税があり抵抗があったことは、当時のアメリカ人にとって、紅茶が重要な日用品であったことを意味するが、それを東インド会社が独占していたのである。ラブラドア茶（草か木の根から作ったらしい）よりましな代用品として、コーヒーがやがて登場してもふしぎではない。十九世紀後半に東インド会社が衰退したり、紅茶生産の中心がインド、スリランカに移ったりしても、アメリカにとっては、イギリスの独占に変わりはなかった。さらに、第二次大戦が起こると、日本がオランダ領東インド諸島を占領して、アメリカへの紅茶の供給は杜絶する。したがって、コーヒーへの転換は必然的であり、決定的であった。

なぜイギリスだけで、紅茶がコーヒーを圧倒したのか。水が違うのだという説もある。外部的な事情としては、東洋貿易におけるイギリスの独占――インド領有をふくめて――をあげることができるが、そのうちスリランカでは、一八六八年に発生したコーヒーの銹病《さびびょう》が全島のコーヒー園を壊滅させ、紅茶への全面的転換をもたらしたのである。グラーズゴウの食料品店経営者トマス・リプトンが、一八八五年にスリランカの茶園を買ったときに、リプトン紅茶が始まり、紅茶の大衆化――ふつうの食料品小売店で買えるようになる――が始まる。ロンドンにくるアメリカ人観光客が、会いたい人はと尋ねられて、キングとリプトンと答えたといわれるほど、リプトンの名は知れわたっていた。

3

しかし、すべてのイギリス人が、ジョンスンのような「頑固で恥知らずなティー・ドリンカー」だったのではない。ジョーナス・ハンウェイの「茶論 *An essay on tea*」というのが、コーヒーについての、バッハのコーヒー・カンタータと並んで有名だが、ハンウェイは紅茶を非難しているのだから、茶論という題には岡倉天心のほうがふさわしいだろう。ハンウェイは、カスピ海貿易についての著書が経済思想史の文献のなかにでている程度で、いまでは、七四点にのぼるという著書もほとんど読まれないが、十八世紀後半には、社会問題評論家としてかなり有名だったようである。

「茶論」は独立の著書ではなく、『ポーツマスからキングストン・アポン・テムズへの八日間の旅日記』（一七五六年）二巻約七二〇ページの附録なのである。とはいえ、第二巻の大部分すなわち二八六ページを占めるのだから、それだけでも大作である。初版は、ブリティシュ・ライブラリにもアメリカ国会図書館にもなく、ニューヨーク公共図書館にあることが知られている。

ハンウェイ『旅日記』の口絵

副題が、「健康に有害で、産業を妨害し、国民を貧困化するものとしての」となっており、ハンウェイは、自分が緑茶を飲んで毒を飲んだような症状になったことを例として、まず健康問題から議論をはじめる。彼がそこで、中国人は緑茶の色をつけるのに銅を使うのではないか、とさえいっているところをみると、このころまでの茶は、紅茶ではなくて緑茶だったようである。ジョンスンが飲んだのもそうだったのかも知れない。

ハンウェイによれば、茶は手足のふるえを起こし、美容を損い、母親が茶に熱中しているあいだに幼児が死亡する。クレシーやアジャンクールの戦いに勝ち、ドナウの流れをガリア人の血で染めたのは、茶すり人《ティー・シッパー》の息子たちであっただろうか。そのうえ、中国で茶を買うために投じられる巨額の銀を、麻や生糸を買うのに使えば、国民に経済的利益をもたらしただろうのに、茶はなにも生まないから、イギリスに一四四万一〇〇五ポンドの損失をあたえている、とハンウェイは計算する。

ハンウェイの有害論の根拠のひとつには、熱い飲料が人体に有害だということがあげられていて、気がついてみれば、茶やコーヒーのほかに、彼らには熱い飲料がなかったのである。ほかに、血を薄めるとか、眠りを妨げるとか、この種の有害論はハンウェイだけのものではなく、すぐまえにはメソディストのウェスリーが、あとにはコベットが、おなじようなことを述べている。

ハンウェイのながい議論の主目的は、茶とジンが労働者の健康を害するということから、彼の持論である孤児院の設立を主張することにあったらしいが、有害といわれては、「恥知らずの茶飲み」ジョンスンが黙っていなかった。一七五七年の『リテラリ・マガジン』に、彼はハンウェイの本の書評を書く。若い女性のなかで、われわれと同年の女性より美しさが減少しているなんていうことがあろうか、とからかいながらジョンスンは茶を擁護するのだが、それにもかかわらず、「下層階級の人びとにとって適切な飲料ではない」ことを認めるのである。茶は労働に力をあたえないし、肉体に強さをあたえないで、嗜好を満足させるからだというのだ。

おなじころ、ジョンスンの崇拝者ボズウェルは、エディンバラで、ティーの時間が女性のおしゃべりの場になっている、と書いている。ハンウェイも、女性、とくに母親にたいする茶の害を説いているところをみると、コーヒーは外で男が飲み、茶は家庭で女が飲むようになったのかもしれない。それでは、茶が有害だというのも、男性の専制と偏見の現われだったのだろうか。

＊ Denys Forrest, *Tea for the British. The social and economic history of a famous trade*, London 1973.

ジン横丁

1

ホウガース（一六九七―一七六四年）の版画「ビア・ストリート」と「ジン・レイン」は、十八世紀前半の、イギリスの民衆生活をしめすものとして、よく知られている。このふたつの版画の意味は、両者をくらべてみれば一目瞭然で、ビール街は「生・愛・飽食・繁栄」を、ジン横丁は「死・争い・飢餓・貧困」を表わしている。たとえば、ジン横丁には三人の死者がいる。右手の家の二階では床屋の主人が首をつり、広場の奥には、酔っぱらいに串ざしにされた子どもと埋葬される母親（アルコール依存症の）があるし、そのほか右手には、末期《まつご》の――水のかわりに――ジンを飲まされている病人、酔っぱらいの母親にジンを飲まされている赤ん坊がいるから、これもやがて死ぬわけである。

絵の下の説明文を読むと、「われらが島のめでたい産物ビールは、……すべての男らしい心を喜ばせる。おん身によって労働と技術は維持され、押し進められる。……健康の守護神よ、おん身のありがたい味わいは、エホヴァの盃に匹敵し、すべてのイギリス人の寛大な胸を、自由と愛をもって暖める」に対して、「ジンは……人類を犠牲《いけにえ》にする。それは……われらの生命を盗みさる。徳と真理は絶望に追いこまれ、それは、……窃盗、殺人、偽証をいつくしむ。生命を犠牲とする呪われた盃よ、……汝は心臓に狂気を送りこむ」ということになっている。

ホウガースの版画「ジン横丁」

ジンがこれほど憎まれた理由は、絵が説明するとおりなのだが、それがこの時期に問題になったのは、ジンそのものが、十七世紀後半にはじめてイギリスにはいってきて、増大する都市住民――とくに下層――の生活に浸透したからであった。イギリスの農村には、伝統的な自家製飲料としてビールやサイダーがあり、北部にはウィスキーもあったのに、ジンも都市人口も、そういう伝統の外に姿を現わしたのである。

「ジンは古典的アルコール飲料のなかで、もっとも若い」といわれる。ビールは五〇〇〇年まえのエジプトに起源をもち、古代ギリシャ人はワインの造り方を知っていた。ウスケボーと呼ばれるウィスキーでさえ、ローマ人が占領した頃のイギリスで造られていた。ところがジンは、十六世紀なかばのオランダで誕生したにすぎない。

いまでもスカンディナヴィア諸国——アイスランドにも——には、アクアヴィットという蒸溜酒があるが、この名称は、生命の水＝アクア・ヴィタエというラテン語からきていて、フランス語ではオー・ドゥ・ヴィーとよばれる。それは、麦や馬鈴薯からつくる蒸溜酒の総称であり、ウォトカ、シュナップス、ウィスキー、ブランディも、すべてそのなかにはいる。日本で火酒という訳語があるのは、ブランディ（火のような）からとったのだろう。

ジンは、オランダでライ麦から造られていたこの種の生命の水に、ジュニパー（ねず）の実で味つけすることによってできあがった。十六世紀なかばに、レイデン大学の化学者シルヴィウスがこれを考えだしたのは、薬用飲料を飲みやすくするためであったが、十七世紀にオランダにはいってきたフランス軍がこれを飲むようになって、ジュニパーの水という意味でオー・ドゥ・ジュニエーヴルと呼んだ。おなじくオランダにきたシドニ・スミスのイギリス軍にこれが伝わって、そこでは、フランス語がなまってジニヴァーまたはジニーヴァ、さらにジンと呼ばれるようになった。ジンという名称は、ここに始まる。

この名称の転換の過程で、奇妙な誤解が生じた。いまジニーヴァと書いた geneva は、スイスの都市名ジュネーヴのイギリス綴りと同じである。そこでジンは、ジュネーヴからきた酒ということになったのだが、それがさらにオランダに逆輸入されて、オランダでもジン（イェネファー）を genever とも書くようになってしまった。オランダでは、jenever と書こうが genever と書こうが、ジュニパーの木でも実でもなく、ジンのことである。

2

こうしてジンは、三十年戦争（一六一八―四八年）とともにイギリスにはいってきた。*『日記』で有名なサミュエル・ピープスも、ジンを飲んだ記録（一六六三年十月十日）をのこしている。しかし、それはまだ、明らかに薬用にすぎなかった。イギリスとオランダとの敵対関係も、ジンが人気をえるのを妨げたであろう。ところが、名誉革命によって、オランダ人ウィレム・ファン・オラニエがイギリス王ウィリアム三世となり、王位を追われたジェイムズ二世がフランスに亡命して、イギリスとフランスの間に敵対関係が生じると、国際政治の転換に対応して、イギリス人の生活のなかで飲酒革命が起こった。フランスのワインもブランディも輸入が困難になり、ジンがその空隙を埋めることになったのである。スコットランドとアイアランドのウィスキーが、イングランドに輸入されたが、まだそのまま飲まれることはなく、ジンの原料として使われたにすぎない。

安い酒ということで、はじめは主として下層階級が愛飲していたジンは、やがて上流階級の生活にも浸透し、ワインの代わりにジンで乾杯という習慣ができてしまった。これは何でもないことのようだが、当時は食事中に何度も一同起立して乾杯したので、ジンを何杯も飲みほす覚悟でなければ宴会には出席できない、ということなのである。

ダニエル・デフォーは一七一三年に、「イングランドの穀物の通常の収穫は、われわれ人間と家畜が消費しうるよりもはるかに多いので、……外国市場で穀価が安く、〔イギリスの穀物への〕需要がないときは、豊作は、他国民の祝福、われわれの耐えがたい重荷なのだ。……しかし、穀物が豊富低廉なときには、穀物から蒸溜酒をつくることが、土地利害関係者をささえるもっとも重要なもののひとつであり……したがってそれは、手あつく維持されるべきである」と書いたが、このようにしてジンの製造は、むしろ国策として奨励されたのであった。その結果、一七二一年には、ロンドンのいたるところで酒屋が毎日ふえているといわれ、三〇年には、市内の蒸溜酒専門店だけで七〇〇〇軒を越えるといわれるようになった（当時のロンドンの人口は約五五〇万人）。四軒に一軒は、なんらかの意味で酒屋であったという報告もある。名誉革命から四〇年の間に、イングランドのジン生産量は約一〇倍になり、一七三三年には、ロンドンだけで、四五年まえのイングランド全体の二三倍という激増ぶりであった。

安くて「ききめ」があるので、ジンは主として産業労働者——たとえば織布工——と女性に好まれた。「ほかの点ではまじめで規則正しい人びとが、この風習にそまり、家族のなかにぽつりぽつりと飲む人がいるというのではなく、全家族をあげて、恥知らずに絶え間なく、この危険な風習に溺れている」というのが、一七三六年の治安判事の報告であった。一七二三―三二年のロンドンで、死亡率が出生率を上回ったのは、このことと無関係ではない。これはまったく都市的な——とくにロンドンの——現象であって、農民は伝統を守って、エール、ビール、サイダーを飲んでいた。

デフォーも、ジンの弊害に気がついたのであろう。『完全なイングランド商人』（一七二七年）では、蒸溜酒製造業者を、「国民に対する犯罪者の集団」と呼ぶようになった。ちょうどその頃からジンに対する法的抑制が始まったが、それは非合法な、したがって質の悪いジンを増加させたにすぎなかった。実効があがらないばかりでなく、農民の側からは、余剰穀物を売りさばく正規のルートが閉ざされたことへの不満がでて、この法律は一七三三年に廃止された。

その翌年のロンドン市議会報告には、二歳の子供に労役場であたらしい衣服をもらった母親が、労役場を出るやいなや子供を絞殺して衣服をはぎとり、死体を溝に捨て、衣服を売ってジンを飲んだ、という事件が記録されている。ホウガースの絵のなかの母と子は、実在したのである。雇主が、労働者たちに掛け売りでジンを飲ませ、週末に彼らが給料をもらうときには、差し引きなにも残らなかった、という例も珍しくはなかった。

3

議会も黙ってはいられず、ロバート・ウォルポール首相をふくむ委員会をつくって、対策を検討した結果、一七三六年九月二十九日の深夜十二時に、「ジン法」が施行されることになった。この法律は、ようするにジンの販売認可料を毎年五〇ポンド――ワインの約二〇〇倍――に引き上げることによって事実上禁止しようとするもので、ウォルポール自身は、無認可ジン販売の取締りの困難を理由に、この法律に反対であり、むしろそれが暴動をひき起こしはしないかと恐れていた。ジン法の審議過程で、賛否の文書合戦が行なわれ、ホウガースが絵の説明に使った詩も、そのとき、ホウガースの親友ジェイムズ・タウンリー（マーチャント・テイラーズ・スクールの校長）が作ったのである。

九月二十九日が近づくにつれて、民衆のあいだに不穏なうわさや文書が出てきた。「町でも田舎でもサー・ロバート〔・ウォルポール〕の名を呼ぼう。木靴〔労働者〕は彼らが考えるほど簡単に履きつぶせるものではないことを知らせてやろう」とか、ウォルポールは、ミケルマス（九月二十九日）のあとまで生きながらえることはないだろう、とかいう調子で、これに対してウォルポールは、予備検束を行ない、軍隊を動員して当日に備えたのである。

いよいよその日がくると、ロンドンだけでなくプリマス、ブリストル、ノリッジなどの都会で、死の床に横たわる「ジニーヴァ夫人」（ジンの別名）の像を先頭に、デモが行なわれ、人びとはウォルポールの辞任を叫んだ。十二時が近づくと、人びとは最後の安いジンを買おうと酒屋に集まったし、おおくの酒屋では、高い許可料を払うより廃業するほうがましだということで、さいごには無料でストックを放出した。歴史上これほど多量のジンが、短時間に売られ、飲まれたことはないだろうといわれる。その結果、暴動を起こすべき人びとは酔いつぶれて、街路に眠ってしまったのである。

法律の効果はあったのか。ウォルポールが恐れたとおり、なかった。密造された粗悪なジンに少量のワインを加えたアルコール飲料が、さまざまな、ジン以外の名称で、かつてのジンの値段で売られ、やがてそれらの総称として「議会ブランディ」ということばができあがった。政府は、賞金つきで密告を奨励したが、密告者たちは、民衆に襲われる危険を犯して賞金をもらうよりも、自分で密造ジンを売るほうが、はるかに割りのいい仕事であることを知ったのである。ジニーヴァ夫人は、不死身であった。

＊ John Watney, *Mother's ruin. A story of Gin*, London 1976.

II

知識人層の成立

音楽の商品化

1

資本主義は、知的生産物を商品化から取り残しておきはしなかった。しかし、アダム・スミスが、生産的労働と不生産的労働のひとつの区別を、労働が物体を生むかどうかにみたように、さまざまな知的生産の領域における商品化は、そこでの知的労働が物体化されるかどうか、あるいはどういう物体の形をとるかによって、性格や程度がかなりちがってくる。たとえば、小説は、もともと多数の読者を対象とするものだから、印刷物としてしか存在しえないのであり、したがって出版の商品化は、ただちに小説の商品化を意味する。ところが、美術作品は、ほんらい複製でないことによって尊重されるので、商品化は、大量生産なしに可能なかぎりでしか進行しない。

音楽になると、作品が楽譜と演奏という二重の表現形態をとり、したがって商品化の進行にもずれが生じる。アマチュア音楽趣味の普及は、楽譜と楽器の商品生産を直接に促進するが、演奏の商品化にたいしては、間接に刺激をあたえるにすぎない。直接には、むしろ妨害するといっていいであろう。知的生産物の、このような物体的なちがいは、それらの消費＝享受の形態のちがいにも対応する。小説のばあいには、生産者と消費者がはっきり分れるのにくらべて、美術や音楽のばあいには、生産の一部分がただちに享受でありうるような事情があり、このあいまいな領域にアマチュアがはいりこんで、商品化＝職業化と対立することになる。演奏は、生産（再生産）であると同時に、——アマチュア演奏者にとっては——享受＝消費なのである。

ベートーヴェンが作品を献じた貴族たちが、しばしば保護者であっただけでなく演奏の名手でもあったということは、当時のヴィーンにおける音楽の存在形態を表わしている。それは、貴族による演奏を最終目的としていたのであって、聴衆による鑑賞は副次的なものにすぎなかった。自室でひとりでたのしむのが最適といわれるような作品（ベートーヴェンのテレーゼ・ソナタ）は、そういう条件のもとで生産される。ベートーヴェン時代の音楽の都ヴィーンはアマチュア音楽の都だったのであり、このアマチュア主義は、職業としての音楽（演奏）の成立を妨げた。そこでの音楽家は、保護の対象か家庭教師であるにすぎず、教師は、ギリシャにおけるその起源によって奴隷であった。

2

演劇とオペラが、かなりはやくから職業化し商業化したのは、上演の人的物的規模が家庭の枠を越えていたからであろうが、音楽は、その点でも家庭の枠のなかにとどまることができた。アダム・スミスが学界に出たころ（十八世紀なかば）のエディンバラの新聞には、ときどき演奏会の広告が出ているとはいえ、職業的演奏家はいなかったようである。それにもかかわらず演奏会が成立したこと自体が、演奏と鑑賞の分離のはじまりであったし、同時に、演奏とも鑑賞とも直接にかかわりのないあたらしい音楽の機能、すなわち比較的公開的な社交場としての機能のはじまりであった。『国富論』の二年あと（一七七八年）に出版された小説『イヴリーナ』のなかでファニー・バーニーは、一七歳の少女に、当時の演奏会風景をつぎのように語らせている。「まったくびっくりしたのは、黙って音楽に注意を集中することが、どんなに少ないかということです。たしかに、すべての人が音楽をほめそやしているようですが、ほとんどだれも聴いていないのです。」

パリでは国家統制がきびしく、ヴィーンでは、まだ貴族でさえも生活の本拠をここに置いていなかったときに、十八世紀後半のロンドンは、あたらしい社交場としての公開演奏会を発展させた。*　もっとも、この公開ということばを、文字どおりに理解すべきではない。それは、貴族の家庭を出たというだけで、いぜんとして貴族が主宰し、彼らが領地を離れてロンドンで暮らす期間（春）だけ、えらばれた聴衆のまえで行なわれるものであった。したがってこの時期には、ロンドンとヴィーンの音楽生活のちがいは、主として両国における貴族の生活様式のちがいにすぎなかったといえよう——このちがいにブルジョア的発展のちがいがからまっているにしても。

ロンドンの貴族の代表的な音楽団体である「古楽演奏会」は、爵位をもつ二〇人の理事によって運営され、彼らはつねに、栄誉行進曲の演奏によって会場にはいってきた。「古楽演奏会」のほかに、ソールタン男爵の私的音楽クラブであるキャッチ・クラブなどの、貴族中心の音楽団体には上層ブルジョアも参加をゆるされ、彼らは国の最上流一万人のなかに従属的地位を得ていた。ブルジョアがこの地位を社会的に利用したことはいうまでもないが、排除された多くのブルジョアにとって、それが不満であったこともまたいうまでもない。「古楽演奏会」の排他性はきわめてきびしく、一八三〇年代にゆるめられた規定によってさえ、シーズン・ティケットは同一家族内でしか流用できなかったし、一回券を買うのにも、資格審査が必要であった。

貴族の支配に対抗して一八一三年に創立された「フィルハーモニー協会」も、それ自体としては競争相手におとらず閉鎖的で、当初は、会員券の譲渡を禁じ一回券はなかった。こういう閉鎖性が破られるのは、一八四一年に譲渡禁止が解かれ、入会審査がなくなり、一回券が自由販売されるようになったときであり、さらに、敵対する両団体が衰退したあと、一八四五年に「ロンドン音楽組合」ができると、会員名簿がはじめて単純なアルファベット順になり、理事を兼ねる常任指揮者が任命されて、貴族とブルジョアのアマチュア主義にもとづく主導権争いに終止符がうたれた。この変化を促進したものは、一方では音楽の職業化の進行であり、他方では、聴衆としての自由職業人＝知識人の社会的地位の向上であった。詩人サミュエル・ロジャーズ、郵便制度改良家ロウランド・ヒル、ベンサム派の歴史家ジョージ・グロートなどがファンのなかにみられる。

3

貴族とブルジョアの主導権争いは、パリやヴィーンでもあったが、ロンドンほどではなかった。パリでは貴族の分裂——正統派対オルレアン派——があり、ヴィーンでは逆に貴族の階級的閉鎖性がつよかったために、音楽の公開演奏におけるブルジョアの主導権は、かなりはやく成立した。しかし、パリの「コンセルヴァトワール演奏会」（一八二八年創立）は、はじめからアマチュア主義を排した専門的演奏団体であり、一八三〇年なかばには、ヨーロッパでもっともすすんでいるといわれたのに対して、ヴィーンでは、まだアマチュア主義が「ヴィーン楽友協会」（一八一三年創立）を拘束していた。

ただし、コンセルヴァトワールの会員組織が、閉鎖性をもたなかったわけではなく、その会員になることは、パリのエリート一一〇〇人のなかにはいることを意味したから、ブルジョアたちは、一〇年余りも申込みをつづけたり、遺言によって会員権を贈与したりするようになった。会員権の譲渡は、創立当初から自由であったが、全体の数が限られていたので、組織の閉鎖性を打破するまでにはならなかったのである。

ヴィーンのディレッタンティズムが閉鎖的であったことはいうまでもないが、その主力は、ブルジョアというよりむしろ官僚であった。たとえば、楽友協会の執行委員会における官僚の比率は、一八二八年に八七パーセント、四六年に八三パーセントであり、そのひとりであったラファエル・キーゼヴェッターは、すぐれたピアニストとして、一八一七年から三九年までシーズンにはつねに自宅で演奏会を開いたが、彼は宮廷顧問官《ホーフラート》であった。彼の健康がおとろえたあと、その演奏会のスポンサーとなった出版業者ハスリンガーについて、シューマンがそのサークルの閉鎖性を批判しているところからみれば、キーゼヴェッターもそうであったと考えられる。

ハプスブルク絶対主義官僚制は、一方では比較的広汎な大学教育にささえられていたし、他方では週に六時間ないし一二時間、机に向うことしか求めなかったので、音楽ジャーナリズムに没頭することさえできた。『音楽通報』を編集したイグナツ・カステリがその例であって、このことがまたヴィーンの職業的ジャーナリズムを、パリやロンドンにくらべて立ち遅れさせた原因であった。

4

貴族のパトロン主義から解放された音楽が、なおアマチュア主義から脱しきれず、したがって閉鎖的なエリート社交機関の手に独占されていたとき、リスト、パガニーニ、ベルリオーズなどが職業的音楽家としての性格をしめしはじめた。パガニーニはサロン演奏を拒否し、リストは演奏がおわるとサロンを立ち去った。彼らは――作曲家でない演奏家はもちろん――、演奏会の収入だけでは生活できなかったが、演奏会を媒介として、作曲依頼などの収入を引き出すことができたから、演奏の公開によって、なるべくその網をおおきくしようとしたのである。演奏会組織の閉鎖性とそれへの反抗は、ヴィーンで予約席制度が中産階級の攻撃をうけ、逆にパリでは、「コンセルヴァトワール演奏会」が、やすい演奏会を潰そうとしたときにみることができる。

排除された下層ブルジョアや職人を吸収した代表的な演奏会が、プロムナード・コンサートであった。この種のコンサートは、いまでは――性格をかなり変えて――ロンドンにのこっているだけだが、一八四〇年代なかばには、年平均でロンドン七五回、パリ一五〇回、ヴィーン四〇〇回という盛況であり、三都市を代表する指揮者が、アドルフ・ジュリアン（ロ

ヨーハン・シュトラウス（父）の演奏会（1830年）

ンドン）、フィリップ・ミュザール（パリ）、ヨーハン・シュトラウス（ヴィーン）であった。三都市のなかでロンドンの回数がとくに少ないのは、ひとつには、街頭で暮らして家で寝るという大陸都市の街路中心的生活が、ここにはなかったことによるであろう。プロムナード・コンサートは、そういう都市のフォークロアから芽生えて、音楽の商品化の巨歩をおしすめたということができる。

　パリの上流階級は、一度はこれを潰そうとしたが、考えなおした。そして、一八四七年には、シャンゼリゼのプロムナード・コンサートに対して、それは労働者大衆に「歓びをあたえることによって、彼らの気持をおとなしくし、彼らをバリケードから引き離す」という讃辞を贈ったのである。けれども、一八四八年の革命がくると、ヨーハン・シュトラウス（二代目）でさえも、ヴィーンのバリケードで、市民衛兵音楽隊を指揮してラ・マルセイエーズを演奏し、「自由とバリケードの歌」や「革命行進曲」を作ったのであった。

　ただし、もちろん革命への労働者の参加は、演奏会への参加とおなじく、ヴィーンではパリのようにはいかなかった。[**] 他方ロンドンでは、民衆もまた非街路的生活形態によって、集合的な力となりにくかったのである。

＊　William Weber, *Music and the middle class. The social structure of concert life in London, Paris and Vienna*, London 1975. 城戸朋子訳『音楽と中産階級』法政大学出版局、一九八三年。

＊＊　良知力『向う岸からの世界史』未来社、一九七八年。

うたは世につれ

1

スターリングラード攻防戦の映画の終わりにちかく、ドイツ軍が雪のなかを敗走するシーンがあって、音楽は「タンネンバウム」のメロディーであった。もちろんこの曲は、ドイツ民謡として有名であり、あるいは軍歌にも転用されていたであろうから、これを敗走のシーンに使うことは、むしろ当然である。ところが、これを聴いたドイツ系イギリス人（ドロシー・ミーク）は、ナチスの軍隊が赤旗の歌の伴奏で退却しているようで奇妙に感じた、といった。

赤旗の歌が、ドイツで「樅の木」の曲で歌われたとしても、ふしぎではない。民衆が歌いなれた曲をそのまま使うことは、たんなる便宜を越えた効果をもつだろう。しかし、それだから逆に、ドイツ以外では効果がないかもしれない。ロシア語でも赤旗の歌が、あるのかどうかは知らないが、あっても曲がちがうことはたしかで、そうでなければ、ドイツ軍の敗走音楽に使いはしなかっただろう。

　では、日本の赤旗の歌はと考えてみると、これはまぎれもなく「樅の木」の日本版である。歌まで輸入品か、などと顔をしかめる必要はない。体制側の「蛍の光」だって、スコットランドから、そっくりそのままの輸入品である。しかも、バーンズの「故旧忘れうべき」とは似ても似つかぬ電力節約奨励歌みたいな歌詞をつけてしまった。双方とも、体制側も反体制側も、おなじ輸入品の武器でたたかったわけだ。日本の労働歌については、研究者がいるはずだし研究もあるはずだからおまかせしよう。ただ、もうひとつわからないことがある。それは、ドイツ民主共和国（東ドイツ）でレコード化されているドイツの赤旗の歌で、I・ランメルとO・フロム（まえが作曲者であとが作詞者だろう）のものが、「樅の木」によく似ているが同じではなく、日本の赤旗の歌より原曲から遠いということである。

　イタリアの赤旗の歌、すなわち「バンディエラ・ロッサ」の歌は、まったく別の系統で、カルロ・トゥッツィの歌詞に、ロベルト・レイディが、ふたつのロンバルディア民謡をあわせて作曲したものといわれている。* もとの歌詞にはコムニスモということばはなく、ソチアリスモとなっているし、「人民よ進め」は「中隊よ進め」である。こういう調子だからおおくの替え歌がある。

2

スコットランドからの輸入品は、「蛍の光」の前後にいくらでもあり、たいてい「蛍の光」といい勝負の転用ぶりであった。たとえば、鉄道唱歌「汽笛一声新橋を」の曲の原型は「ロッホ・ローモンド」だという説があるそうだが（大河内一男編『国富論研究』Ⅱ、一九六ページ）、これはもともと、「日は輝くローモンド湖」という歌詞から想像されるような楽しい歌ではなかった。もっとも、楽しい歌だと誤解しているのは、日本だけではないかもしれないが。

「ロッホ・ローモンド」は、歌詞も曲も、ジョン・スコット夫妻が、エディンバラの街頭で貧しい少年から聴いたものだとされていて、じっさいに作られたのは、ステュアート王朝の再建を目ざした一七四五年のジャコバイトの反乱のときだという。**しかし、スコットランドでも、一七四五年作、一八四五年公表ということに疑問をもつ人は少なくない。十九世紀前半には、ジャコバイトへの感傷的な追想がはやったことがあったので、一〇〇年記念の波に乗って、あとから作られたのではないか、というのである。

作られた時期にかかわらず、内容は反乱のなかの事件であって、湖畔で別れる恋人たちの歌ではない。一七四五年の第二次ジャコバイト反乱のとき、スコットランド軍をひきいたプリンス・チャーリーは、一度はイングランドにふかく攻めこみ、ダービーに達して、当時オクスフォードにいたアダム・スミスをひやひやさせた——大学の世論に反してスミスは反ジャコバイト——のであったが、まもなく敗北して退却に転じた。そして、国境にちかいカーライルまできたとき、ついに負傷者の一団を、そこに遺棄しなければならなくなった。彼らは、もちろんイングランド軍に捕えられ、あるものは処刑され、あるものは釈放された。そのとき、処刑されるものが釈放された戦友に呼びかけたことばが、この歌の歌詞である。したがって、「おお、君は高い道を、ぼくは低い道を行く」というのは、スコットランドのハイランドとロウランドの境にあるこの湖畔で別れることではなくて、ケルトの伝説で、捕虜として死んだものが地下の道を通って、はやく故郷に帰りつくとされていることを歌っているのであり、だからこそ「日は輝く美しいロッホ・ローモンドの岸で、ふたたび逢うことはないだろう」ということになるのだ。

3

フランスでは、シャンソンは、政治的煽動の有力な手段であった。明治の演歌も、この系統であろうか。フランス革命のとき、バブーフがいわゆる「平等の陰謀」にあたって、これを使ったことは有名である。国歌になった「ラ・マルセイエーズ」も、革命の熱狂のなかから出てきたものであった――ただし、これはシャンソンではなく、シャンとよぶらしい。「ラ・マルセイエーズ」は、一夜で作られたことでも有名である。しかし、作られたのはマルセイユではなくストラスブールであって、そこの革命派の市長、ディートリシュのもとめに応じて、ルージェ＝ドゥ＝リール大尉が、一七九二年四月二十四日から二十五日にかけて書きあげた。それは、オーストリア軍との戦いに出ていく義勇兵を励ますために歌われたのであり、当時は、「ライン軍団のための軍歌」とよばれた。マルセイユとはまるで方角ちがいである。

しかし、まもなく（同年六月二十五日）、マルセイユでの宴会で市民がこれを歌ったことから、同市で流行するようになり、七月なかばには、マルセイユ市民軍がこれを歌いながらパリにはいってきた。そのときパリで、「ラ・マルセイエーズ」という名称ができたのである。彼らは、八月十日のテュイルリー宮襲撃のときも、これを歌った。そして、その事件と王制廃止の一周年が全フランスの市民軍によって祝われたとき、ルージェ＝ドゥ＝リールは、「市民軍《フェデラシオン》の陣営のために」という副題の、第二「ラ・マルセイエーズ」を作った。そこでは、「勇気をもて市民たち、君たちの軍隊を作れ、進め進め王たちの血のなかから」と歌われている。

ヴィクトール・シャルボネルが編集した月刊誌『理性《ラ・レゾーン》』の一九〇七年四月号（二八三号）は、「反動どもに、一七九二年のラ・マルセイエーズを奪われてしまった、われわれ共和主義者は、一七九三年のラ・マルセイエーズを歌ってはならないだろうか」と訴えた。「インタナショナル」は、そのときすでにできていたし、この雑誌社が発行した絵はがきにも載せられていたのだが、それとは別に、一七九二年のラ・マルセイエーズに対しては、ジャコバン独裁期の九三年にふさわしいラ・マルセイエーズを、ということであろう。

4

「インタナショナル」の作詞者は、いうまでもなくウージェーヌ・ポチエである。一八一六年、パリの貧しい職人（箱作りと包装）の家に生まれ、三〇年の七月革命、三一、三二年のリヨンの暴動という時代に少年であった彼が、シャンソンを作りはじめたのはかなり早かったようであり、三九年に両親の家を出てからは、キャバレーで自分の作品を歌っていた。このとき彼は、サン＝シモン、フーリエ、ブランキの思想を知っ

「インタナショナル」の作詞者
ウージェーヌ・ポチエ

ていただけでなく、「バブーフの精神で、ひとつの歌を書いた」とさえ回想している。そして、「一八四八年が私の精神と知恵を開いてくれた。」

そのとき「一八四八年六月」「尊敬すべき共和国（シャルル・ロンゲに）」などの、一群の政治的シャンソンを作ったポチエは、やがて、一八六四年にできた第一インタナショナルの、フランス支部のメンバーとなり、七一年にはパリ・コミューンに参加した。彼は、第二区の代議員であり、パリ芸術家連盟の創立委員でもあった。ヴァイヤン、ヴァルラン、ドゥレクルーズなどとともに、最後の戦いに参加したポチエは、ドゥレクルーズがバリケード戦でたおれ、ヴァルランが逮捕処刑されたのち数週間、パリに隠れていた。このとき、すなわち敗北したコミュナールの血がかわかないときに、「インタナショナル」の歌詞は作られたのである。したがってそれは、「たて　飢えたるものよ　いまぞ日は近し」ではなく、「すべてのものよ　最後の戦闘へ」で始まっている。

***

しかし、「インタナショナル」は、ながいあいだ曲をもたなかった。二〇年ちかくたって、ポチエの死の翌年に、リールの合唱団「労働者の竪琴」のために、ピエール・デュジェテルが作曲したのである。それは、一九〇四年の第二インター・アムステルダム会議で歌われ、一九一〇年には、第二インター加盟諸政党によって、正式に採用された。一九一七年から四四年までのソヴェート連邦の国歌であったことは、まだ記憶されているだろう。（これについて一九一三年一月三日の『プラヴダ』にレーニンが書いている。）

5

パリ・コミューン敗北の歌には、もうひとつ有名なものがある。J・B・クレマン作詞、A・ルナール作曲の「さくらんぼの季節」がそれであって、いまでもイヴ・モンタンなどが歌っている。ただし、「インタナショナル」とはちがって、これはコミューンのときに作られたのではなく、クレマンが、一八六六年の作品を、一八八五年版の詩集で、バリケードに救援にきた見知らぬ若い女性労働者（ルイズという看護師）の追憶として捧げたのである。＊＊＊＊クレマンは一八六六年に、ブリュッセルの街頭で偶然に逢ったルナールに歌詞を渡し、そのとき作曲はできていたのだ。

「さくらんぼの季節」といえば、「桜の実の熟する時」であり、島崎藤村の小説の題名である。藤村が、それを『文章世界』に書きはじめたのは一九一四年で、フランスに渡るまえ（完結は帰国後）であるが、だからといって関係がないといいきれるかどうか。藤村が動かなくても歌は流れてくるわけだし、桜の花ではなくて実が熟する時という着想が、日本人の生活のなかから自然に出てくるとは思えないからである。そうなると、日本におけるさくらんぼの歴史も調べなければなるまい。もっとも、かりに藤村が、このシャンソンから題名を思いついたからといって、彼とコミューンを結びつけるわけにはいかない。シャンソンの成立事情は、いま書いたとおりであって、その内容は直接にコミューンと関係がないのだから。

* Leoncardo Settimelli e Laura Falavolti, *Canti socialisti e comunisti*, Roma 1973, p. 44.

** *The romantic Scotland of Kenneth McKellar in picture and song*, Norwich 1972, p. 21.

*** 「集まれ、これは最後の戦いだ」は、ポチエの原詩では最初の二行が、現在ではリフレインの部分になっていて、「いざ戦わんいざ」にあたる。Ernest Museux, *Eugène Pottier et son œuvre*, Paris s. d. p. 12.

**** *Chansons de J-B-Clément*, Paris 1885, p. 243.「一八七一年五月二十八日、日曜、フォンテーヌ・オ・ロア街の野戦看護婦、勇敢な市民ルイズに。」

『共産党宣言』の英訳者

1

一八四八年の「二月革命の数週間まえに」、ドイツ語で、ロンドンで出版された『共産党宣言』は、エンゲルスによれば、まずドイツ語のままで、ドイツ、イギリス、アメリカで、すくなくとも一二のちがった版として印刷されたそうであるが、とてもベスト・セラーといえるほどではなかったし、外国語への翻訳による普及も、それほど急速ではなかった。一八八八年版序文でエンゲルスが、「現在のところ、それはうたがいなく、すべての社会主義文献のなかでもっとも普及した、もっとも国際的な産物であり、シベリアからカリフォーニアにいたる数百万の労働者によって承認された、共通の綱領である」と書いたとはいえ、二十世紀後半の日本で、ほぼ二五年間（一九五一―七六年）に二〇〇万部を越える売れゆきをしめそうとは、著者たちには夢想もできなかったであろう。

現行の日本語訳は、文庫本だけで四種類あり、そのほかに、マルクス、エンゲルスの全集や選集のかたちでも出版されている。文庫だけをとって、発行部数を調べてみると、つぎのとおりであった（一九七六年末現在、各出版社からの回答による）。

岩波文庫　大内兵衛・向坂逸郎訳、初版一九五一年十二月、発行部数合計七三万三〇〇〇部

青木文庫　宮川実訳、初版一九五二年五月、七万八〇〇〇部（ただし一九五五—六五年の記録がないため、年平均二〇〇〇部として計算）

国民文庫　マルクス＝レーニン主義研究所訳、初版一九五二年十二月、五七万九〇〇〇部

角川文庫　塩田庄兵衛訳、初版一九五九年十二月、四〇万部（近刊予定の第四〇版をふくむ）

講談社文庫　水田洋訳、初版一九七二年十一月、四万三〇〇〇部

以上のうち、青木文庫の推定は明らかに過少であり（ただし、青木書店では、「多くても一〇万部」といっている）、総計が二〇〇万部にちかいことは、まちがいないであろう。したがって、毎年すくなくとも八万の日本人が、『共産党宣言』を買っているというわけである。

2

英語訳は、発行部数では、アメリカや諸植民地をふくめても、日本語訳に及ばないだろうが、とにかく外国語訳としては最初であった。それは、ヘリン・マクファーリンの訳で、ジュリアン・ハーニー編集の『赤い共和派』の一八五〇年十一月九日、十六日、二十三日、三十日号に連載された。訳文は、ところどころに省略があり、また、有名な冒頭のことばも、「おそろしい化けものが、ヨーロッパ中を闊歩している。われわれは、幽霊に、共産主義の幽霊につきまとわれている」となっていて、原文とはすこし感じがちがうが、全体としてみれば、ひとかどのできばえである。みじかい序文を書いたのは、エンゲルスではないかともいわれているから、彼が目を通したかもしれない。したがってこれは、一八八八年に、エンゲルスの協力によるムーア訳が出るまで、アメリカでもイギリスでもリプリントされた。

だが、訳者のヘリン・マクファーリンについては、ほとんどなにもわかっていない。イェニー・マルクス（マルクスの妻）は、一八五〇年十二月十九日に、マンチェスターのエンゲルスあての手紙を、つぎのように書きはじめている。「カールの依頼によって、ここに『新ライン新聞』を六部、あなたに送ります。ハーニーは……あなたが、一部をヘリン・マクファーリンに贈呈して下さるよう希望しています。」その直前、十二月十六日のハーニーからエンゲルスへの手紙が、マクファーリンの住所を知らせているのは、このことに関係があっただろう。「ミス・マクファーリンの住所は、ヘリン・マクファーリン、ブリッジエンド、バーンリです。ヘリンと書くことをお忘れなく」とハーニーは書いている。バーンリは、マンチェスターの北方三〇マイルに位置する工業都市である。

ところが、これからまもなく事件が起こる。それは十二月二十八日の夜、「民主主義者同盟 Fraternal Democrats」の新年宴会でのことだが、マルクスはエンゲルスへの手紙（一八五一年二月二十三日）で、大晦日（Neujahrsabend）のことだったと書いている。それによると、ジュリアン・ハーニーの妻が、「大晦日の晩にマクファーリンをぼくの妻の面前で侮辱した。……ハーニーは……マクファーリンがうけた侮辱になんの仕返しもしてやろうとはせずに、こういう不名誉きわまるやり方で、彼の小雑誌の唯一の実際に見識をもっていた協力者と、交際を断ったのだ。」この手紙によって、マルクスのマクファーリン評価はわかるが、事件の内容は、ハーニーが妻をたしなめなかったことしかわからず、マクファーリンの消息もわからない。

一〇〇年余りたって、一九五〇年代末から六〇年代前半にかけて、ようやくいくらかの光が、マクファーリンに投げかけられるようになった。まずハーニーの研究者であるショーエンが、『民主評論』『赤い共和派』『人民の友』をつうじて寄稿したハワード・モートンが、マクファーリンの筆名ではないかといい、サヴィル、アンドレアス、アブラムスキーなどが、この推定を支持した。* サヴィルは、「ハワード・モートンがだれであったにせよ、彼または彼女は、マルクス、エンゲルスの知的な立場に近接していた」といい、同時に「近代イギリスで最初の、キリスト教的社会革命家としての特色をもっていた」と述べている。ハワード・モートンは、ヘリン・マクファーリンと、H・Mというイニシャルが同じであるだけでなく、その名前は『赤い共和派』に、創刊号（一八五〇年六月二十二日）以来一七回もあらわれていながら、新年宴会の事件のあとには、ハーニーの編集する雑誌には見られない。逆に、マリニチェヴァによれば、『赤い共和派』の創刊よりまえのチャーティスト機関紙には、マクファーリンの名が見られるという。もっとも、そうだとすると、一八四九年六月創刊の『民主評論』には、ハワード・モートンとヘリン・マクファーリンの双方の名前が出ていたことになる（ショーエン、サヴィルによるかぎり）が、一方でマリニチェヴァは、マクファーリンが、数年にわたって大陸に滞在し、ヴィーンで三月革命の弾圧を目撃して、五〇年はじめに帰国したことを明らかにしているので、重複の可能性は五〇年前半だけである。

モートンが、それほどの活動をしていたのに、マルクス、エンゲルス関係の手紙のなかに、すくなくとも現在わかっているかぎりでは一度も登場していないということは、彼が実在の人物でないという推定を妥当なものとするであろうし、『赤い共和派』への投書には、モートンの名を引用記号にいれて、「ほんものの『ハワード・モートン』」と書いた例がある、とマリニチェヴァは指摘している。したがって、マクファーリンからモートンへの思想的連続性または同一性が立証されれば、後者は前者のペンネームだといって、ほぼ間違いがなさそうである。

3

おもしろいことに、そしてこのばあいは困ったことに、マリニチェヴァも、彼女の論文を紹介した『カール・マルクス記念図書館季報』の小論文の筆者(無署名)も、モートン＝マクファーリンの連続性を前提としたうえで、マルクス、エンゲルスへの近接性の立証に力をそそいでいて、この前提についての説明がないのである。

もちろん、マクファーリンの論文が、チャーティストは政治闘争と経済闘争を統一すべきだと主張し、カーライルの『後期パンフレット』における復古的な一八四八年評価に反論することによって、マルクス、エンゲルスにちかい立場を示したことは、『共産党宣言』の翻訳と整合的に理解できる。そして、モートンが、『赤い共和派』の創刊号に書いた「一八五〇年のチャーティズム」で、運動がたんなる議会改革から社会変革に転換しつつあることを歓迎し、第四号の「一八五〇年の赤旗」で、赤旗のもとのチャーティズムが、イギリス人民＝生産者の戦いであることを強調したのも、その延長線上に位置づけていいであろう。

第九号の「民主的組織」のなかでモートンは、「もし、地主と牧師が、農業人口を彼らの鼻で指導することに変わりがないとするならば、農業地帯での普通選挙の結果とはどういうものになるであろうか」と問いかけつつ、「つぎのふたつの命題は、自然で譲渡不能な人間の諸権利からひきだされたものであり、社会改革者のすべての党派がそこで一致できる共通の地盤である、と私には思われる」と書いている。その命題とは、「I　土地と資本は集団の財産である。II　これらの労働手段は、すべての人にとって共有であるから、すべての人の利益のために、すなわち結合 *Associations* と普遍的連帯の原理にもとづいて、使用されるべきである」ということであり、「このふたつの基本命題からひきだすことができる多くの重要な帰結は、ここではたちいる余裕がないけれども、大陸の社会主義者たちの著作において、十分に展開されている」と、モートンはいうのである。ここで言及された「著作」が、まもなくおなじ雑誌に翻訳で掲載される『共産党宣言』をさすとしても、不自然ではあるまい。

このようにして、チャーティズムから共産主義への移行、したがってマルクス、エンゲルスへの接近を、ハワード・モートンの論文のなかにみることはけっして困難ではないし、他方で、『共産党宣言』の訳者がマクファーリンであってみれば、モートンとマクファーリンが同一人物だということも、前記のいくつかの傍証のたすけをかりて、断定していいようである。しかし、さしあたっては、『赤い共和派』のモートン論文しか手もとになく、マクフアーリンの署名論文について、マリニチェヴァに依拠するほかはないので、断定は保留しておきたい。モートン論文だけについても、サヴィルが、キリスト教社会主義者といい、アブラムスキーが、ラムネとの近似性を指摘しているというようなことを考えれば、彼を手軽にマルクス主義者に仕立てるわけにはいかないはずである。

* A. R. Shoyen, *The Chartist challenge : A portrait of George Julian Harney*, London 1958. John Saville (ed.), *The Red Republican and The Friend of the People*, 2 vols., London 1966.

パリ・コミューンと芸術家たち

1

史上最初の労働者政権といわれるパリ・コミューンは、フランスがプロイセンとの戦争に敗れて、一八七一年一月二十八日に休戦条約が結ばれたあと、三月十八日に成立した。壮烈な市街戦の末、五月二十八日には全滅してしまうのだから、時間的には歴史のエピソードにすぎないともいえよう。しかし、それは、民主主義の原型としての市民の自己管理の実験であっただけでなく、経済学における主観価値論（一八七一―七三年の限界革命）やニイチェの登場（『悲劇の誕生』一八七二年）などからもわかるように、西ヨーロッパの主要国で資本主義がほぼ完成して、その内部での個人――主として小市民と知識人――の自己主張が、かなりひろい範囲で成立したことに対応する。フランスについては、文学者としてゾラ（一八四〇―一九〇二年）、ヴィリエ＝ドゥ＝リラダン（一八三八―八九年）、マラルメ（一八四二―九八年）、ヴェルレーヌ（一八四四―九六年）、ランボー（一八五四―九一年）

などの名前が、だいたいの雰囲気を伝えるだろう。

もうすこし具体的に、コミューンのなかでの彼らの動きをみると、まず、ゾラは、議会記者としてパリ（コミューン）とヴェルサイユ（共和国政府）のあいだで動揺しながら、基本的にはコミューンを支持した。*ヴィリエは、すくなくとも初期にはコミューンを支持し、国民衛兵の大尉としても活動したが、まもなく失望したらしく、末期にはヴェルサイユと交渉をもった。したがって彼が、『護民官』に五月十七日から二十四日にかけて、コミューン支持の五篇の論説を書いたという説は、再検討の余地がある。**マラルメは、アヴィニヨンの高校の英語教師をやめて、コミューン崩壊直後のパリに出てきた。「異様なのはパリ・コミューンに対するマラルメの沈黙ぶり***」といわれているが、友人への手紙のなかで、ヴィリエが意思に反してパリに抑留されていると考えているところをみると、マラルメ自身もコミューン支持ではなかったようである。

ヴェルレーヌは、パリ市の職員であり、コミューン支持の情報活動を担当した。ただし最終段階には、砲声におびえて、自宅でふとんにくるまって泣いていたという。いちばん若いランボーは、コミューンに参加するために、故郷から徒歩でパリにつき、兵営にいたこともあるが、さいごには脱出した。彼のばあいは、コミューンのなかでの活動よりも、『地獄の季節』（一八七三年稿）や『イリュミナシヨン』（一八七五年稿）の詩にコミューン体験が反映されていること、さらにコミューンの敗北が、彼の人類・平等・正義への愛を傷つけ、詩の放棄と東洋への逃避の原因となったことが重要である。しかし、もちろん詩というものの象徴的あるいは抽象的な性格からいって、「ロートレアモンとランボーは、パリ・コミューンを告知した人びとである」というように、直接に具体的な事件に結びつけるのは、文学者的な思いこみにすぎない。

2

フランスにおける小市民層の広範な成立をもっともよく表現したのは、印象派の作品のテーマとそれがもった市場性である。市民生活に取材したマネの「テュイルリー公園演奏会」（一八六二年）、モネの「草上の昼食」（一八六五年）、モネとルノワールの「ラ・グルヌイエール（舟あそび）」（一八六九年）などは、すでにコミューンのまえに完成していた。一八六三年の「落選作品展」から六九年にかけての時期が、彼らの流派としての形成時代だといわれる。

彼らの先駆ともされるクールベ（一八一九―七七年）は、諷刺美術家として有名なドーミエ（一八〇八―七九年）とともに、一八七〇年に、ナポレオン三世が提供したレジヨン・ドヌール勲章を拒否して反体制派の称賛を博したが、コミューンにも共に参加して、クールベは美術委員会の議長となり、ドーミエは美術館保護委員会に属した。コミューン崩壊ののち、クールベが、ナポレオン一世記念碑（ヴァンドーム）破壊の責任を問われて裁判にかけられたとき、減刑請願に署名した有名美術家は、ドーミエとコローだけであった。

ドーミエは、まもなく（一八七三年）完全に失明してしまうので、その作品の大部分は、コミューン以前の七月王政期のものである。クールベは、「プルドンとその子どもたち」（一八六五年）からも知られるように、自覚的なプルドン主義者であり、コミューンでもその立場で行動した。コミューン敗北ののちにも、いくつかの作品に獄中作であることを明示したことは、非転向の証拠とされている。

彼らふたりは、コミューン以前にすでに名声を確立していたわけだが、他方、印象派は、流派としていわばあげ潮に乗った瞬間に、コミューンにぶつかったのである。彼らのコミューンへの対応は、ばらばらであった。最年長のピサロ（一八三〇―一九〇三年）は、ドイツ軍の占領を避けてブルターニュからイギリスに渡り、彼のアトリエは軍用屠場となった――残されたおおくの作品は、キャンヴァスとして屠畜用エプロンに利用された。セザンヌ（一八三九―一九〇六年）は、戦時中から故郷のプロヴァンスにいて、召集令状をうけとって逃亡し、パリに帰ったのはコミューンの敗北ののちであった。彼は、パリ・コミューンよりまえに、リヨンやマルセーユでのバクーニンの活動にふれる機会があったかも知れないし、コミューンのあとでは、ピサロへの手紙で急進的な見解をしめしているとはいえ、とにかく、パリ・コミューンそのものとは、直接に関係をもたなかったのである。マルセーユでも、クレミュウによってコミューンの樹立がくわだてられたが、たちまち弾圧された。モネ（一八四〇―一九二六年）は、イギリスとオランダに難を避けていて、戦争で荒れはてたアルジャントゥイユに定住するのは、七一年の末のことであった。

コミューンの時期にパリにいたのは、ルノワール（一八四一―一九一九年）とマネ（一八三二―八三年）であった。ふたりとも、ドイツとの戦争にさいしては軍務につき、マネは砲兵隊の参謀であった。おなじく砲兵隊にいたドゥガ（一八三四―一九一七年）が、コミューンのときにパリを離れたのとは逆に、終戦後ボルドーにいたマネは、コミューンの報道をきくとパリに向けて出発し、内戦の状況にためらいながら、その最終段階で激戦中のパリにはいったのである。ルノワールは、ボルドー軍管区に配属されていたが、三月に動員解除されてパリにもどり、たちまちコミューンに巻き込まれることになる。

3

ルノワールは、かつて写生中に助けてやったリゴーがコミューンの警視総監になっていたことから、通行証を手に入れて、パリ内外を自由に歩きまわっていた。あるときはヴェルサイユ軍（正規兵）に逮捕されたが、隊長が、かつて彼が邸内の装飾をしたビベスコ公爵だったので放免された。しかし、市街戦が最終段階にはいると、彼は郊外のルヴシエンヌに逃が

マネの「パリ・コミューン」

れて、そこから焰《ほのお》をあげるパリを眺めることになる。コミューン期のパリで、彼が描いたものとしては、「バリケードの女性」というデッサンが残っているだけである。

マネは、市街戦のあいだを縫って写生をして歩いた。彼にはすでに、一八六七年に、メキシコ革命に取材した「皇帝マクシミリアン」という作品があり、それはナポレオン三世によって公開を禁止されていた——対メキシコ政策の失敗を暴露するものとして。コミューン指導者の銃殺を描いたリトグラフ「バリケード」（一八七一年）には、「マクシミリアン」とほとんど同一の兵士群があり、マネはこれをさらに油絵として仕上げるつもりであったが、やはり政治的理由で公開を禁止されることを予想して、完成を断念した††のではないかといわれる。処刑されるコミュナールは、英雄的に帽子を振っているのである。

「バリケード」の公開はマネの死後であったが、もうひとつのリトグラフ「内戦」は、一八七四年に公表された。これは崩れたバリケードとコミューン兵士の死体であるから、公表ができたのであろうか。マネはさらに、コミューン関係の作品を、すくなくとも二つ残している。一八八〇年にコミューン関係者への大赦が行なわれてからだが、彼は、コミューン指導者のひとりであるロシュフォールの肖像と、そのニューカレドニアの流刑地からの脱走の光景を描いたのである（いずれも一八八一年）。

一八七四年から八三年の死までは、マネの画業の絶頂期といわれている。そのなかでロシュフォールを描いたことは、印象派の思想史的位置づけにかんして重要な意味をもつ。しかし、フランスの社会主義運動がコミューン壊滅の廃墟からたちあがるのは、ガンベッタによる大赦のあとのことだから、マネはそれをかいま見ただけで死んだわけである。むしろコミューンを直接に体験しなかったピサロのほうが、明白なコミューン支持の態度をとりつづけた。彼は、一八八七年に息子リュシアンあての手紙で、ミレーの社会的自覚の欠如をつよく非難したが、それは、その当時『フィガロ』に公表された手紙で、ミレーがコミューンとクールベに反対したことに向けられていたのである。

＊　尾崎和郎『若きジャーナリスト　エミール・ゾラ』誠文堂新光社、一九八二年、一九六―二二一ページ。

＊＊ A. W. Raitt, *The life of Villiers de l'Isle-Adam*, O. U. P. 1981, pp. 117-122. 斎藤磯雄「ヴィリエ＝ド＝リラダン略年譜」（邦訳全集第五巻所収）は、ヴィリエのコミューン支持を初期に限定しながら、末期の『護民官』への寄稿も認めている。ただし、この『全集』は当該論説をふくんでいない。

＊＊＊ 柏倉康夫『パリの詩・マネとマラルメ』筑摩書房、一九八二年、八〇ページ。

＊＊＊＊ P. Gascard, *Rimbaud et la Commune*, Paris 1971. 新納みつる訳『ランボオとパリ・コミューン』人文書院、一九七四年、六四―九八、一〇四ページ。

† フランスという馬車をパリとヴェルサイユが反対の方向に走らせようとしているリトグラフ、一八七一年という字の下に悲しむ女性と、累々と横たわる死体を描いた「遺産」というリトグラフがある。

†† The National Gallery, *Manet at work. An exhibition to mark the centenary of the death of Edouard Manet 1832-1883*, London 1983, pp. 38-39. ロンドンのナショナル・ギャラリー所蔵の「マクシミリアン」は、J・M・ケインズが購入したものであるが、画面が三つに裁断され、中央の兵士群の部分は「バリケード」に転用できるようになっている。

芸術至上主義と無政府主義

1

一八九四年にパリの警察が、無政府主義週刊紙『反乱 *La Révolte*』の予約者名簿を押収したとき、そこには意外な人びとの名前があった。アナトール・フランスの名前はそれほど意外ではないかもしれない。画家のシニャック（一八六三―一九三五年）やピサロは、印象派についての常識からすれば意外であっても、フランスでは意外ではなかった。おなじような常識のずれがあるのかもしれないが、象徴派の詩人マラルメはどうだろうか。* マラルメは、青年時代（二五―二九歳）にアヴィニヨン高校の教師であったときに、この町にしばしば滞在したジョン・ステュアート・ミルの影響をうけて無政府主義に関心をもった、と想像することはたのしいが、これまでのところでは証拠がなにもない。

一八九四年というのは、ドレーフュス事件がはじまった年である。これは、フランス陸軍参謀本部のドレーフュス大尉が、機密書類をドイツに売り渡したということで軍法会議にかけられた事件であるが、ドレーフュスがユダヤ系であったため、ユダヤ人排斥運動もからんで、フランスの論壇を二分する大事件になった。マラルメは、この事件に積極的に参加はしなかったが、エミール・ゾラが「私は弾劾する」を発表したときは、激励電報をうってい る。また、おなじ年に彼は、アナーキストであるフェリックス・フェネオンの爆弾テロ事件(カフェ・テルミニュへの投弾)に、証人として出廷したが、このフェネオンは、他方で、『ルヴュ・アンデパンダン』『ヴォーグ』『ルヴュ・ブランシュ』などにおける編集活動によって、もっとも重要な「象徴主義の助産者」といわれるのである。『ルヴュ・ブランシュ』は、マラルメの詩とならんで、『資本論』研究の論文を掲載した。

マラルメにとって、詩は、ブルジョアであれプロレタリアであれ、大衆とは無縁のものであった。資本主義社会では、詩を職業として生活することはできない、と彼は考えたから、生活の方法としては高校教師をえらんだのである。けれども、詩を商品とすることを拒否または断念して象牙の塔にたてこもったにしても、生きることを断念したのではないから、社会の波は象牙の塔にうちよせてくる。ときには、パリの市役所に勤めていたヴェルレーヌのように、職業生活のおかげでコミューンの騒ぎに巻き込まれることさえある。——象牙の塔ということばは、日本では大学の閉鎖性をさして使うことが多いが、もとはサント＝ブーヴが、一八三七年に、詩人ヴィニーについて使ったことばで、その後、フランス語よりも英語として、芸術至上主義あるいは学者の社会的無関心を意味するようになったのだ。

マラルメがヴェルレーヌの要請に応じて書いた、自伝的な手紙によれば、「私が実社会に出たころ、詩人にとっては、自分の芸術を数段ひきさげたとしても、芸術で生計をたてる方途はなかった」ので、英語を学び、「これを学校で教え、世の片隅でしずかに、他の生活の手段をしいられるのを免れ」て暮らそうとしたのだそうであるが、詩人と語学教師の結合が問題を解決したわけではないことを、おなじ手紙のなかのつぎのことばが示している。「私は、金に困ったときや、破産しそうなほど高価なボートを買うために、文字どおり必要にせまられての仕事をしなければならなかった。」

セーヌ川の舟あそびは、マネ、モネ、ルノワールなどが描いているように、当時のパリのブルジョアの生活の重要な部分であって、マラルメは、「自分の小船団がすこぶる自慢なのだ」とみずから書いている。すなわち、こういう市民としての生活のためには、詩人も象牙の塔を出て、「いくつかの雑文をあちらこちらに売りこんでまわ」らなければならなかったのだ。高校教師としてではなく、職業的文筆業者として知的商品生産の問題にぶつかると、純粋詩と雑文とのギャップが、詩人の理想社会と現実の資本主義社会のギャップとして見えてくる。芸術至上主義者であるからこそ、資本主義社会への敵意がつよくなる。――たとえそれが、直接には、欲しいボートが買えないためであろうとも。

だが、もし、マラルメの雑文がまったく売れないで、彼が昼の語学教師と夜の純粋詩人だけで生活していたら、『反乱』の予約購読者にならなかったであろうか。彼は自分の時代を、「詩人としてはかかわりあう必要のない、空位時代」とみなしていたが、そのことは、空位でない、詩人がかかわりあう必要のある時代、すなわち詩人が詩によって生活できる時代を、彼が求めていたことを意味する。したがって、ボートと雑文を経由しないでも、マラルメが無政府主義への道をたどることは同じだったのである。

2

はじめに、ピサロやシニャックの名前は、フランスでは意外ではなかった、と書いた。印象派のなかで最年長のピサロについて、セザンヌが死の前年の手紙で、無政府主義者と規定したとき、大部分のフランス人も驚いたようだが、ピサロの周囲の人びとは、すでに一八八三年には彼の左傾を知っていた。息子のリュシアンにあてた手紙で、「文学的および社会的な問題についての、プルドンの本を一、二冊」送るようにたのんでいることは、その証拠になるだろう。彼は、『反乱』の編集者グラーヴだけでなくその創始者エリゼ・ルクリュとも仲が好かったし、この週刊紙の財政危機を救うために、自分の窮乏をかえりみず私財を提供した。

そして、一八九二年には、「ほんとうの革命が始まろうとしていることは、すぐわかる。それは、いたるところに徴候をみせている。思想はとまることをしない」と書き、一八九四年には、クロポトキンのパンフレット『新時代』のジャケットに、「労働者」を描いたのである。一八八九年に彼がリュシアンにおくった『社会の醜状』と題する絵本の表紙には、エッフェル塔のむこうからアナルシーの太陽が昇り、それを見ている老哲学者が、砂時計をひっくりかえそうとしている。ピサロの作品の題材は、風景でなければ労働者と農民であり、ルノワール、モネ、マネのように、ブルジョアではない。一八九四年にカユボットの印象派コレクションが国に遺贈されたとき、ルーヴルの館長がピサロの作品を拒否したのは、おそらくそのような事情によるのであろう。

シニャックの「調和の時代」

印象派の画家たちは、象徴派の詩人たちと基本的にはおなじく、純粋美を追求し、芸術のための芸術を主張してきた。しかし画家は詩人とちがって、語学教師で生活をささえるわけにはいかなかった。看板、ポスター、さし絵などのように、手っとりばやい商品化の道もあったが、それをマラルメの英語のように、本来の仕事から分離することはできなかった。その意味では画家たちのほうが、純粋に芸術一筋でいこうとしたといえよう。いかざるをえなかった、というべきかもしれない。その結果、ふたつのことが起こる。ひとつは、芸術を受け入れない社会への絶望ないし反感であって、これはマラルメを無政府主義に傾斜させたものとおなじであろう。もうひとつは、なおも忍耐づよく自分の芸術に対する社会の承認を期待することであって、印象派のばあいは、その期待が満たされたため――あるいは満たされようとしていたため――に、体制のなかにまきこまれることになる。いずれにしても、マラルメ的二分法が不可能であるために、どちらの方向をとるかによって、題材を変えなければならない。

印象派の成功のひとつの理由は、市民生活に取材したことであり、もうひとつは、その市民が絵を買う意志と能力をもつほどに、フランス資本主義が成熟したことであった。バレー、カフェ、バー、舟あそび、ピクニックなどは、彼らがはじめて光をあてた市民生活の諸側面である。取材範囲は、さらにひろがって、モネの鉄道（サン・ラザール駅連作、一八七六―七七年）やシニャックのガス・タンク（クリシーのガス・タンク、一八八六年）のように産業におよぶが、そこで分解が起こって、ピサロの描く男女労働者は、マネ、モネ、ルノワールには登場しない。セザンヌとルノワールの水浴が裸女を描くのに対して、スーラ（一八五九―九一年）の水浴は、工場の見える川での労働者を描く。市民生活に密着して、体制内にはいりこんでいく方向と、さらに視野をひろげてその周辺または裏面にまでおよぶ方向に分れたわけである。成功したドゥガやルノワールは、左翼的傾向をもつピサロおよびあたらしい世代とかかわりをもつのを嫌うようになる。モネの「草上の昼食」（一八六五年）の人びとが、フォンテンブローの森に遊ぶブルジョアであるのに対して、シニャックの石版画「調和の時代」（一八九五—九六年）のそれは、無政府主義者のユートウピアのなかの労働者たちである。

　モネとシニャックのふたつの作品の対比は、題材にみられるだけではない。モネの作品は複製が不可能なことを、シニャックのそれは複製が可能なことを、特徴としていた。版画はすべて複製可能であるから、それだけならばあたらしい問題ではないが、十九世紀における商業出版の拡大は、こうして絵画をも知的商品生産の流れのなかにまきこんだのであり、シニャックたちはそのことを、糊口の手段としてよりも思想宣伝の手段として歓迎したのであった——ただし、色彩の放棄という犠牲をはらって。

　スーラとシニャックは、年齢的にも手法的にも新印象派に属するものとされ、ピサロのつよい希望によって旧世代の画家たちの仲間にいれられたのだから、三人のあいだの思想的親近性があってもふしぎではない。スーラの夭折《ようせつ》にくらべてシニャックは長命で、一九〇八年から死ぬまで独立美術家協会《アンデパンダン》の会長であっただけでなく、フランス共産党に参加し、一九三四年には反ファシズム知識人委員会の議長として、アンドレ・ジッドやヴァイヤン＝クーチュリエとともに活動した。** ジードは、青年時代をマラルメのサロンで過ごしたが、シニャックもマラルメと親しかった。ただし、それは思想によってというよりもボートによってであって、マラルメのようにシニャックも舟が好きだった。シニャックが一生のあいだに所有した舟は三二隻にのぼり、そのうちのひとつは、マラルメが命名したヨットであった。

＊ Eugenia W. Herbert, *The artist and social reform. France and Belgium, 1885-1898*, New Haven 1961, p. 21.

＊＊ Françoise Cachin, *Paul Signac*, Paris 1971, p. 115.

黒猫のスタンラン

1

モンマルトルという地名は、「殉教の丘」のことだそうで、キャバレーということばは、小部屋から転じて酒場を意味するようになったのだそうである。しかし、一八八一年十一月十八日に、ロドルフ・サリが、ここにキャバレー「黒猫」を開いたとき、モンマルトルはスラムであり、貧乏画家の居住地であった。「黒猫」は、サリのアトリエを改造したもので、一〇〇人たらずの収容能力があったから、小部屋とはいいがたく、時局諷刺のシャンソンや寸劇が呼びものであったから、ただの酒場ではなかった。現代日本のキャバレーは、別の意味で小部屋でもただの酒場でもないわけだが、これは日本特有の現象であろう。

「恐怖におののく資本家め！」というようなシャンソンが歌われたことからも推定できるように、キャバレー「黒猫」は、資本主義社会の成熟にともなって増大した、小市民知識人らのうさばらしの場所であり、カルチエ・ラタンの文士たちとモンマルトルの画家たちの出会いと連携の場所であった。その連携の直接の成果が、一八八二年一月十四日創刊の絵入り週刊誌『黒猫――モンマルトルの機関誌』であった。

雑誌もキャバレーも、黒猫は成功した。キャバレーは、パリの上流社会をモンマルトルにひき寄せてパリ名所となったし、雑誌は、「パリの近代グラフィックの発展にとって」画期的な存在となった。* キャバレー「黒猫」が土地の顔役とのいざこざで移転したあとは、「黒猫」の仲間であった作詞作曲家のブリュアンが、キャバレー「おもちゃの笛《ミルリトン》」を開設し、機関誌『おもちゃの笛』を発行して、同じような成功をおさめた。コペー、ゴンクール、アナトール・フランス、ユイスマンス、ヴィリエ＝ドゥ＝リラダン、トゥルーズ＝ロートレック、ドゥガなどが、これらのキャバレーの常連であった。

パリで「黒猫」が成功したのに刺激されて、バルセローナには一八九七年に「四匹の猫」というキャバレーができて、四倍の成功というわけではないにしても、カタルーニャ文化振興の拠点となった。ピカソは、ここの機関誌『四匹の猫』に参加し、パリの『黒猫』をつうじてまずパリ文化に接触するのである。第二次大戦中、日本軍占領下のジャカルタに「黒猫」というキャバレーがあった。パリやバルセローナの猫たちのような反体制ぶりは見るべくもなかったが、名称だけでもという、精一杯の諷刺だったのだろうか。

2

この『黒猫』に、創刊の翌年（一八八三年）からさし絵を描きはじめた若いスイス人画家があった。ロザンヌの郵便局員の子、テオフィル・アレクサンドル・スタンラン＊＊（一八五九―一九二三年）は、ロザンヌ大学を中退して、ミュルーズの繊維工場で働いたのち、妻とともにパリに出てきてモンマルトルに住み、繊維工場に職をえた。

『黒猫』のさし絵画家として登場したスタンランは、『おもちゃの笛』にも描き、『ジル・ブラ』には、文字どおり看板画家として腕をふるった。少数の油絵を除けば、三〇〇〇点にちかい彼の作品のほとんどすべては、エッチング、リトグラフなどの複製可能なものであり、実際に雑誌・単行本・プログラム・案内状のさし絵、あるいはポスターのために描かれたのである。印象派の人びとと同世代であり、題材も市民生活という点では類似していながら、スタンランは、大衆《マス》のための大量生産《マス・プロ》芸術という明確な意識をもっていたし、内容としての市民生活も、印象派のそれよりも一段低いところ、すなわちプロレタリアートを中心としていた（ただし、印象派の左翼にもおなじ傾向があったことについては、一六三―一六五ページ参照）。少年時代に、ゾラの小説『わな』（一八七七年）によって社会への目を開かれた彼は、始めから終わりまでモンマルトルの社会派画家なのであった。ピカソやケーテ・コルヴ

スタンランの「メーデー」(1894年)

イッツの注目をひいたのも当然である。

といっても、スタンランが『黒猫』にデビュウしたときから、プロレタリアートを中心に据えていたわけではない。『黒猫』のスタンランは、むしろ諷刺漫画家であった。彼の目を路上の人びとに向けさせたのは、まえに述べたキャバレー「おもちゃの笛」のブリュアンであり、その機関誌『おもちゃの笛』は、やがてパリ全体のカフェ・コンセール(音楽カフェ)の機関誌となっていく。ブリュアンのシャンソンは、支配階級と小市民への痛罵と売春婦をふくむ路上の人びとへの同情の表明であって、キャバレーの客は、自分たちが罵倒されるのを楽しんでいたのである。スタンランは、すでに一八八五年ごろ、油絵で「バリケード上のルイズ・ミシェル」を描いていたが、一八九一年七月からの『絵入りジル・ブラ』への協力は、スタンランをリアリズム文学者たちに結びつけるとともに、彼の視野をひろげ、『社会主義蜂起 *Le chambard socialiste*』(一八九三—九四年)への三二枚の表紙絵で、その立場がはっきりと示された。

ちょうどその頃、有名なドレーフュス事件がはじまった。そしてこれがユダヤ人迫害のためのでっち上げだという疑いがかなり有力になってきたときも、フランスの左翼言論界は、金持のユダヤ人将校をなぜ支持しなければならないのかという空気が濃厚であった。スタンラン自身について、のちの研究者たちの評価が、反ユダヤ、中立、ドレーフュス支持と三分されているのも、むしろこうした論調の変化を反映するといえよう。決定的な転換は、ゾラが政府を批判した論文「私は弾劾する」（一八九八年一月十三日）によって生じる。

スタンランは当時、ゾ・ダクサの個人雑誌『葉 *La feuille*』（一八九七―九九年）のさし絵を描いていた。ゾ・ダクサは、「本能と情熱によってのみ動かされ、いかなる流派にも属せず、たえず現在をのり越えて進むアウトロウ、孤立者」と自称した無政府主義評論家で、スタンランのほかに、印象派左派のリュシアン・ピサロや、スタンランとおなじくロザンヌ出身のフェリクス・ヴァロットンが、さし絵で彼に協力した。

ゾ・ダクサとスタンランは、『葉』の時評とさし絵で、反軍国主義、反教会主義、反ナショナリズム、そして無防備の個人に襲いかかる権力（軍隊・警察・司法）への批判を鮮明にしていく。権力にあやつられて迫害に加担する暴徒も、彼らの批判を免れることはできない。さし絵のほうが本文よりもラディカルだ、といわれることもあった。

3

しかし、スタンランは、プロレタリアートばかり描いていたわけではない。初期の『黒猫』時代、あるいは『絵入りジル・ブラ』の時代に、ブルジョア、プチ・ブルジョアをとりあげただけでなく、その後も戦闘的プロレタリアートのほかに、三つのほぼ一貫した素材があった。ひとつは、とくに指摘するほどのことではないが商業広告用ポスターであって、内容は、アペリティフ、チョコレート、ミルク、モータ・サイクル、家畜病院などさまざまである。スタンランが生活のために描いたのか、彼の人気が資本をひきつけたのかは、わからない。

もうひとつは、猫である。家畜病院のポスターに猫が出てきてもふしぎではないが、チョコレートにもアペリティフにも猫がいる。単独で、自由の女神のように「歓喜」という旗をかざした猫までいるのである。『黒猫』でデビューしたからというわけではないだろうが、猫のスタンランといわれるほど、彼の作品には猫がおおい。じっさいに彼は多くの猫を飼っていて、一八九〇年代初頭には、彼の家は猫小屋とよばれた。そこから『猫たち』（一八九八年）という作品集がうまれたのである。

猫は、マネの「オランピア」（一八六五年）の右端にもいる。裸体の娼婦だけでなく、この猫も当時は攻撃の的となった。スタンランは、このふたつの素材を、まったく違った意味でとりあげる。すなわち、プロレタリアートのほかの三つ目の素材は、じつはその底辺にいる娼婦なのである。スタンランの娼婦は、目つきが鋭くて、マネのそれのようなエロティシズムをもたない。猫について、攻撃的な猫とクッションに安住する猫を描きわけたように、スタンランは、娼婦を攻撃的に、少数のヌードをエロティックに、描きわけたのであった。だから、スタンランの作品のなかで、猫と女性が平行関係におかれているという解釈もある。

4

スタンランの人気は、一九〇〇年ごろに絶頂に達したといわれる。ドレーフュス事件が、大赦法によって一応解決するのが一九〇〇年――彼の名誉回復は一九〇六年――であり、『絵入りジル・ブラ』へのスタンランのさし絵も、その年に終わる。一九〇三年には、パリで彼の作品展がひらかれ、その序文でアナトール・フランスが、「スタンランの芸術は叙事詩」であると書いた。このときスタンランはまだ四四歳である。

ところが、それから彼の死までの二〇年間の作品は、はるかに少なくなり、かつおだやかになる。「三月十四日のペール・ラシェーズ墓地」（一九〇三年）、「ゴリキーの肖像」（一九

スタンランの「動員」（1915年）

〇五年）、小作人組合機関誌ポスター（一九一三年）というような社会派的作品もあるが、「クッション上の猫」（一九〇九年）、「ロザンヌ郊外ベルモン」（一九一四年）のように、おだやかなものがはいってくる。そして第一次大戦が始まると、「動員」（一九一五年）、「共和国はわれらを呼ぶ」（一九一五年）などの愛国主義的作品があらわれて、ドレーフュス派のおもかげは薄れ、わずかに、「ベルギー人は飢えている」（一九一五年）、「負傷兵輸送」（一九一六年）、「セルビア人移住者」（一九一六年）、「社会的義務」（一九一七年）のように栄光の背後に目をそそいだ作品が、かつての社会派的傾向の名残りを示すにすぎない。

最後期の作品は、ポルノすれすれのベッド・シーン（一九二〇年ごろ）にせよ、「丘の上の画家」（一九二二年）にせよ、社会派の線から完全に離れてしまっている。スタンランが、一貫して社会主義運動の支持者であった、と主張するものもいるけれども***、彼の芸術の軌跡が、彼より四歳若いシニャックが、「調和の時代」（一八九五―一九六年）から共産党、反ファシズム知識人委員会へとたどっていった道とは、かなり違っていたことは明らかである。

＊　ハインツ・グロイル、平井正・田辺秀樹訳『キャバレーの文化史』1、ありな書房、一九八三年、六三―六九ページ。サリについては、スタンランと同じくスイス人とする説もある。

＊＊　Phillip Dennis Cate & Susan Gill, *Théophile-Alexandre Steinlen*, Salt Lake City 1982.

＊＊＊　Jean Wintsch, *Steinlen, notice biographique*, Lausanne 1919, p. 22.

大学と女性

1

教授が教壇に立って見渡すと、教室のなかにいるのは、みな黒いガウンをつけているとはいえ、女子学生だけであった。そこで、彼はいった——きょうは学生がひとりもいないから、休講にします。そして、抗議する女子学生に目もくれず、退室してしまった。彼は、大学に女性をいれることに強硬に反対しつづけ、制度的にはその反対論が敗北しても、態度を変えなかったのである。

教室での対決は、三回にわたって行なわれた。はじめに女子学生が男子にまじって教室に現われたとき、教授は、従来どおりに、「ジェントルメン」という呼びかけで講義を始め、「レディーズ」をつけ加えなかった。憤慨した女子学生は、男子学生を説得して、つぎの講義には全男子学生に休んでもらうことにした。ところが、つぎの講義のときになると、まえの説得を知らなかった男子学生が、一人だけ女子学生とともに出席した。教授は彼を見て、

「サー」といって講義を始めた。この学生も説得されて欠席した。三回目は、はじめに書いたとおりであった。

この事件は、オクスフォードかケンブリジで、女子学生を認めるかどうかの論争があった直後に起こったもののようであるが、女子学生を認めるといっても、聴講、入学、学位、教職という四段階のうちの、どこまでを認めるかが、それぞれの大学でちがうので、事件の年代を推定することはむずかしい。たとえば、ロンドンに女性のためのベドフォード・カレジが設立されたのは一八四九年であるが、ロンドン大学が女性に学位を認めたのは一八七八年である。オクスフォードでは、最初の女子カレジが一八七八年、学位は一九二〇年、教職は一九二七年であり、ケンブリジでは一八六九年、一九二三年、一九二六年である。入学許可の年は、制度のちがいがあるので確定するのがむずかしいが、受験＝単位取得の資格を与えられた年とすれば、オクスフォード一八八四年、ケンブリジ一八八一年である。だから、事件が起こったのは、ほぼ一八七〇年代といっておけば、無難であろう。

初期の女子カレジは、どこでも水準がきわめて低く、それが大学内での正規の資格を得られなかった最大の理由であったが、おもしろいことに、水準をたかめる努力がテューター制度の改革をうみ、さらには、新設の地方諸大学とともに、新設カレジに国庫補助を要求するきっかけとなった——ふるい大学は、自己の財産をもっていた——のである。

マリアンネ・ヴェーバーやエルゼ・ヤッフェのばあいは、バーデン州が、一九〇〇年に女子学生を認めたのであったが、これはドイツでは早いほうではなかろうか。ブリュッセルの自由大学（宗教的に自由だという意味で、正規の大学である）に学んだアンゲリカ・バラバノフ、チューリヒ大学に学んだローザ・ルクセンブルクなどのばあいは、どうだったのだろうか。

2

女性はイギリスの大学教育のなかに、一応は参加を許されてからも、ながいあいだ差別をうけていた。最初の女性医師といわれるエリザベス・ガーレットは、一八六二年にセントアンドルーズ大学に入学を許されながら、評議会によって非合法と判定されたし、この大学は、一八七七年に女性に学位を与えることになったときも、わざわざ「女子人文学士 Ladies Literate in Arts＝L. L. A.」という称号をつくるという始末であった。

ケンブリジの女子カレジ（ガートンとニュウナム）では、服装を規制し、男子学生といっしょに歩くことを禁止し、ホッケーは、すその乱れが見えないような場所でやることになっていた。カレジ当局の自己規制もあったが、それも女性の高等教育が女らしさを失わせるという、ヴィクトリア時代の通念を考慮したものであり、その通念が大学全体に浸透していたのであった。女子学生は図書館の閲覧券さえもらえなかったのである。*

ガートン・カレジがまだヒッチンにあったころ、そこへ近づく汽車のなかで、ひとりの牧師が、つぎのように叫んだという。「なに、ここがヒッチンか、女のカレジがあるとかいうところだな。あの異端の場所だ（that infidel place）。」そして、のちにカレジがケンブリジに移ってからも、町の上流婦人たちは、古典や数学で頭がいっぱいになっている若い女性が「ナイス」であるはずがない、と信じていた。そのひとりが、ガートンの学生を食事に招待して、あとで語った。「あの人はとてもナイスで、……あの人がなにかを知っているなんて、考えられませんよ。」無知が女性の美徳だった時代である。「女性の洗練された、繊細な、家庭的な本性、わが民族の未来の母たちにたいする無制限の読書と研究の危険、……不健全な競争心のたかまり」が、オクスフォードでの反対意見として記録されている。「あなた方を神は、われわれより劣ったものとして造ったたし、あなた方はこの世の終わりまで劣ったままであるだろう」という、すさまじいのもある。「健全な学習と深夜の灯が、軽文学とティー・パーティの会話術によって、とって代わられ

ケンブリジ大学の最初の女子学生たち

るだろう」というのは、現代ふうにいえば女子学生亡国論である。

ウェールズでも、おなじような運動が起こったとき、ユニヴァシティ・カレジ・オヴ・ウェールズの学長トマス・エドワードへの手紙で、サー・ヒュー・オーエンが「驚愕《ホラー》」を表明している。「多数の女の子——彼女らをこうよぶことについて、私は彼女らの許しをえたいのですが——おなじ建物で生活させようということについては、私は驚愕の目を見張らざるをえない、といわなければなりません。あなたはもちろん、障壁や錠やかんぬきや、この種のすべてのものをお持ちでしょうし、じっさいにはその制度から弊害は起こらないかもしれません。しかし、その制度の存在自体が、国中を仰天させ、カレジを破壊的な批判にさらすことは、まちがいありません。」オーエンは、ウェールズ大学運動の指導者であり、大学にたいしては十分な理解をもっているつもりの人であった。

反対は、道徳的なものだけではなかった。まえにあげたエリザベス・ガーレットが、女性としてはじめてミドルセックス病院（ロンドン）での講義に出席したとき、男性の仲間たちはちやほやしてくれたが、「彼女が不注意に、有能であり野心もあることを見せたとき、彼らは彼女を追いだした。」この例が、女性にたいする蔑視と敵意という、二重の反対を物語っている。

3

はじめにあげた教授の名前がわからない——正直にいえば忘れてしまった——のが残念だが、大学における女性解放の過程で、さまざまな教師たちがとった態度を調べてみるとおもしろい。大体において、ベンサム、ミルの、いわゆる哲学的急進主義の系統は女性を支持したらしく、『法と世論』の著者ダイシーは、一八九六年にオクスフォードで、女性に修士を与えるための規則改正を支持して、「女性が国民の半分を占めていること、いまやオクスフォードがこの事実を認識すべき時であること」を指摘した。それにもかかわらず、この提案は二一五対一四〇で否決された。

イギリスでの女性高等教育運動の支持者として、ジョゼフィン・バトラーがおり、バトラーは、J・S・ミルが参加した性病法（女性強制検診と売春公認）反対運動で有名であるが、ケンブリジでの女性教育運動のなかにも、彼女の影響はつよくみられ、道徳哲学のシジウィックと経済学のフォーセットが、一八六九年末からそれに参加した。フォーセットの妻ミリセントは女性参政権運動家であり、まえにあげたエリザベス・ガーレットの妹であった。ミリセントの回想によれば、当時の状況のなかで、「女性のためのカレジをケンブリジにつくろうと望むことは、それを土星につくろうと望むようなものだった」という。

女性のための講義はすぐ実現し、ミルからの資金カンパも寄せられたが、カレジのほうは、二年あとの一八七一年に、ようやくその前身ができた。最初そこにはいってきた学生は五人、そのなかに、『道徳・政治哲学の諸原理』（一七八五年）の著者ウィリアム・ペイリーの曾孫にあたるメアリ・ペイリーがいた。やがてニュウナム・カレジになるこの寄宿舎を、シジウィック自身は花園とよび、友人はからかってシジウィックのハーレムとよんだのであり、花の香にひかれてか、教えにきたのが、アルフレッド・マーシャルであった。メアリは、資格をとるためではなく、教養のためにここにきたにすぎず、父が「安全」と考えたラテン語、歴史、文学、論理学を受講していたが、友人にすすめられてマーシャルの政治経済学を聴くようになり、やがて彼の妻となる。

シジウィックのニュウナム・カレジと、エミリー・デイヴィーズのガートン・カレジとのあいだには、大学における女性解放路線についていくいちがいがあった。デイヴィーズが、大学内での平等の権利（学位取得資格をふくむ）を女性に与えることを要求したのにたいして、シジウィックは、大学全体を改革しないで、旧態依然たる学位制度に女性が参加するのはまったく無意味だ、と考えた。したがって、デイヴィーズは、シジウィックが、自分の全般的な大学政策の手段として女性教育問題を利用していると非難した。この対立は、体制変革と女性解放というかたちに置きかえてみれば、なにも大学内にかぎられてはいない。

フォーセットはといえば、彼の自由主義的男女同権論は、女性労働時間の法的制限は女性の就職を不利にするから反対だ、というような性格のものであった。妻のミリセントが、女性の参政権を男子と同じように財産制限つき（ある一定額以上の財産所有者のみ参政権を持つ）で与えるべきだと主張し、論敵パンクハーストから、労働者の力の増大によって彼女の持株が下落することをおそれているのだ、と攻撃されたのと好一対であろう。

いちばん若いマーシャルでさえ、やがて「若気のあやまち」を後悔し、結婚は男性にとって自由を犠牲にすることであるといいだすのである。彼は、女性の側からの献身が、この犠牲の対価であると考えた。一〇〇年のちの日本の大学の薬学部では、薬剤師の名義を貸し、居ながらにして月一〇万円を稼いだ女子学生が珍しくないというニュースをみたら、彼らはそれぞれ、なんと思うだろうか。

＊　Rita McWilliams-Tullberg, *Women at Cambridge. A men's university-though of a mixed type*, London 1975.

ディーツ出版社

1

思想のもっとも重要な媒体が、ことばであり文字であることについては、ほぼ異議がないであろう。それはもちろん、他の諸媒体（音、色、形など）の重要性を否定することではない。それぞれの媒体による伝達様式のちがいが、重要度の比較を困難にしているし、芸術作品から直接にうける感動が、ことばで説明することによって形骸化されるばあいもある。しかし、伝達されるものが思想であって、たんなる感動にとどまらないかぎり、ことばから始まってことばに終わる、と考えていいであろう。したがってまた、ことばの複製すなわち印刷・出版が、思想の生産・流通・消費の過程で演じる役割は、ルターの宗教改革とグーテンベルクの活版印刷との関係（ドイツ語訳聖書の普及）が象徴するように、途方もなくおおきいのである。

だが、こうして伝達の媒体が量産可能になると、媒体と内容とが、ともに商品化の波をまともにかぶることになる。思想も芸術（とくに文学）も、少数のパトロンの恣意から解放されたかわりに、商品市場の状況に対応せざるをえなくなる。大衆によって支持されるには、「大衆化」することが必要なのであり、文化の階級的独占のもとでは、大衆化とは文化的な質の低下を意味する。このことがまさに、十九世紀末の芸術至上主義者たちを、資本主義批判にむかわせた理由であるが、それについては、さきに述べた（一六一ページ）ので、ここでは、逆に、商品経済の廃絶を意図する社会主義思想もまた、知的商品生産の機構のなかにはいりこまざるをえなかった、ということを指摘しておきたい。それはまた、思想が大衆のものとなることを願うかぎりにおいても、避けられない道であった。

資本主義社会のなかでの社会主義思想の出版者は、体制内反体制活動のもつ二重性格――反体制活動家も、体制のなかで「生存」しなければならない――を、とうぜんのこととしてもつだけでなく、この思想にとって、大衆への伝達が重要であることによって、思想自体の生産者（著者）にほとんど劣らぬ重要性をもつであろう。市民革命をふくむ近代初期の出版者たちは、単純化していえば、売れるものを出版すれば、それが解放運動につながったのであるから、問題は比較的簡単であった。

2

社会主義出版業者といえば、まずドイツのディーツをあげることに異議はあるまい。ドイツには、ほかにもヴィガントやヒルシュフェルトやマリクなどのように、ディーツの年期には及ばぬながら社会主義専門の出版者がいたが、フランスやイギリスには見当たらない。ヨーハン・ハインリヒ・ヴィルヘルム・ディーツ（一八四三―一九二二年）は、トーマス・マンとおなじく、ハンザ都市リューベックに生まれた。一八六四―六六年には、植字工としてペトログラード（現在のサンクトペテルブルグ）で働き、そのときチェルヌイシェフスキーを個人的に知っただけでなく、その著書の植字を担当したこともある。一八七四年に、彼はハンブルクにやってきて、印刷業者フィリップソンの職長となり、全ドイツ労働者同盟（ADAV）に加盟したが、翌年のゴータ大会で、ラサール派とアイゼナハ派が合同すると、同志とともに『ハンブルク＝アルトナ民衆新聞』を創刊した。

しかし、七八年の「社会主義鎮圧法」は、この新聞の発行を禁止し、ディーツたちを八〇年にハンブルクから追放した。九〇年に「鎮圧法」が失効するまで、彼は主としてシュトゥットガルトにあって、ハンブルクやライプツィヒの社会民主党系出版所を援助しつつ、八一年には、シュトゥットガルト・J・H・W・ディーツ社を創立した。最初の出版物は一八八八二年の、ブルーノ・ガイザー『ドイツ詩の宝石』とヴィルヘルム・リープクネヒト『民衆外国語辞典』であったらしいが、二つとも他の出版社からすでに刊行されていたものの再版であって、ディーツ独自の出版活動は、翌年一月に『ノイエ・ツァイト』が創刊されたときに始まったといえよう。

ドイツ社会民主党の指導者カール・カウツキー（一八五四―一九三八年）は、当時の状況をつぎのように述べている。「最大の危機のなかで、一八八二年夏に、私は思いきってディーツに、科学的社会主義の月刊誌を創刊するようにすすめた。私はちょうど、当時なお普及していた折衷的社会主義、すなわちラサール的、ロートベルトゥス的、ランゲ的、デューリング的諸要素とマルクス的要素との混合物から、一貫したマルクス主義に到達したばかりであった。……『ノイエ・ツァイト』は、一八八三年一月に創刊され、それはまもなく、すでに負担過重であった経営にとって、おおきな財政負担であることがわかった。ひじょうにつよい信頼と、われわれの雑誌が目ざす事業への大きな愛だけによって、ディーツはけっしてへこたれず、け

ヨーハン・ハインリヒ・ヴィルヘルム・ディーツ

って『ノイエ・ツァイト』の経費による彼の大きな財政的犠牲を減らしたいという意向を示さなかった。しかし、さらに重要なことは、ディーツが創刊以来、私の編集活動の路線に影響を与えようとは、いささかも試みなかった、ということである。」（『ノイエ・ツァイト』一九一三年十月三日）

3

一八八四年秋には、マルクスの『哲学の貧困』のドイツ語訳が、ディーツによって出版され、八七年には、「インテルナツィオナーレ・ビブリオテーク」の第一巻として、エドワード・エーヴリングの『ダーウィン理論』が出版されて、マルクス主義出版社としての性格がはっきりしてくるが、『ノイエ・ツァイト』が経営的にわずかながら黒字をだしたのは、一九一四年に予約購読者が一万六〇〇人になったときであった。「ビブリオテーク」のほうもベーベルの『女性と社会主義』が二三万部（一九二九年までに）もでたのは例外であって、「この出版社が学問的水準を維持しなければならないならば、それは当分のあいだ、強力な援助を必要とした」（カウツキー）のである。ディーツは、その援助（赤字補填）を、絵入りの大衆向け出版物に求めた。その代表的なものが政治諷刺雑誌『真相』*Der wahre Jacob* で、これは一八八四年に創刊され、一九一四年には発行部数四〇万部を越えていた。一八九一年創刊の女性労働者むけ雑誌『平等』も、一九一四年には一二万五〇〇〇部というから、赤字補塡に貢献したであろう。

「インテルナツィオナーレ・ビブリオテーク」は、一九二三年には合計六七点にたっし、そのなかには、マルクスの『剰余価値にかんする諸理論』(カウツキー編、一九〇五年)をはじめとして、マルクス、エンゲルスの著作がいくつかふくまれていただけではなく、「国際文庫」の名のとおり、ドイツ、オーストリア、フランス、イギリス、ベルギー、ロシア、アメリカ、イタリアのマルクス主義的著作が集められた。

『デア・ヴァーレ・ヤーコプ』

これらのうち、翻訳物は、だいたいにおいて諸外国の事情の紹介であって、必ずしもそれぞれの国のマルクス主義を代表する著者でもなく著作でもない——たとえば、プレハーノフの著作として『チェルヌイシェフスキー』と『唯物論史』がはいっている——が、ドイツ語国からは、カウツキー『カール・マルクスの経済学説』(一八八七年)、ベルンシュタイン『社会主義の諸前提と社会民主主義の課題』（一八九九年）、マックス・アードラー『マルクス主義の諸問題』（一九一三年）、フォアレンダー『民衆哲学史』（一九二一年）、カウツキー『近代社会主義の先駆者たち』（一九〇九年）のほかに、ベーベル（前掲）、メーリング、クノウ、ディーツゲン、ノスケ、レンナーなど、当時のドイツとオーストリアのマルクス主義——諸派の、とつけ加えるべきであろうか——の代表者、代表的著作がはいっている。*この双書は、内容以外にも日本の（戦前の）マルクス主義と密接な関係をもっていた。それは、ドイツでもこの種のものとしては珍しいといわれる、暗赤色の、いかにもドイツらしい装幀が、改造社版『マルクス・エンゲルス全集』および『資本論』のモデルになったことである。

ディーツ社は、ロシア社会民主党にとっても、創設期の出版活動の重要な拠点であった。レーニンの『なにをなすべきか』（一九〇二年）および機関誌『イスクラ』創刊号（一九〇〇年）と『ザリアー』（一九〇一—〇二年）を出版したのがディーツ社だったからである。ただし、レーニンは、アクセリロドあての手紙（一九〇一年三月二十日）で、ディーツの検閲まがいの干渉に不満を述べている。ディーツがロシア語を知っていたことが、このばあいには、レーニンにとってぐあいが悪かったにちがいない。ディーツは、すでに一八八一年以来国会議員であったから——ディーツ社が正式にドイツ社会民主党のものとなるのは一九〇六年だが——、党の立場からも、ロシアの「友党」に「忠告」したであろう。

4

第一次大戦とそれにつづいたインフレーションが、ディーツ社に致命的打撃をあたえたのは、彼の死の翌年、一九二三年であった。ディーツ社は、「国際文庫」、『ノイエ・ツァイト』などの発行を停止して、J・H・W・ディーツ後継出版有限会社となる。日本流にいえばディーツ新社であろうが、新社の生命もながくはなかった。四万の会員をもつ「書籍サークル《ビュヒャー・クライス》」に依拠して一〇〇万冊以上を売ったという成功にもかかわらず、――むしろその成功のゆえにこそ――ヒトラー政権は、一九三三年五月にディーツ社の財産を没収した。ディーツ社が社会民主党のものであってみれば、それが社会民主党と運命をともにするのは当然であろう。最後の出版物は、『ゲゼルシャフト』その他の雑誌のほかに、同年三月にでた『カール・マルクス、思想家にして闘士』であった。これはいうまでもなく、マルクス死後五〇年記念出版である。

それから二〇年たって、一九五三年に、ベルリン（西ドイツ側）、ハノーファーのディーツ後継出版社が、マルクス死後七〇年記念の『今日のカール・マルクス』をもって出版活動を再開したが、すでにドイツ民主共和国（東ドイツ）では、一九四六年にディーツ社がつくられていたので、両者のあいだに、商標や版権をめぐる争いが生じた。一九五五年に東側があたらしい商標を採用して、名称も「ベルリン・ディーツ出版社」となり、五七年に西側では、ベルリンのラント裁判所が、旧ディーツ社の権利は「ディーツ後継出版社」によって継承されるべきことを判決して、かたがついた。しかし、もともと両者のあいだに争うべき実質的な権利問題があったのだろうか。マルクス、エンゲルスについては版権問題はないであろうし、東のディーツが、カウツキーやベルンシュタインを出版することもないだろうからである。

＊ Max Schwarz, *Seit 1881-Bibliographie des Verlages J. H. W. Dietz Nachf.*, Berlin/Bonn-Bad Godesberg 1973. この書誌には『イスクラ』がふくまれていないなど、レーニンの説明とのあいだに、くいちがいがある。

ユニウスとジュニアス

1

ローザ・ルクセンブルクに、『社会民主主義の危機』（一九一六年）というパンフレットがあって、ふつうには『ユニウス・ブロシューレ』とよばれている。これは、ルクセンブルクが、ベルリンの女子刑務所内で書いたドイツ社会民主党批判、社会愛国主義批判で、彼女の主著のひとつといえるほどのものであるが、ユニウスというのは、ここでルクセンブルクが使ったペンネームである。

レーニンは、同年の『社会民主主義論集』第一号に、「ユニウス・ブロシューレについて」という題で、批判を書いた。「ユニウスは分裂をおそれ、革命的スローガンを完全に言いきることをおそれている、ドイツの社会民主主義者……の『環境』から、完全には脱却していない。……／ユニウスは、……革命的綱領を実行するのに、……小ブルジョアジーにうけいれられる点から始めようとのぞんだのである。……／……ユニウスの小冊子には、……

非合法組織の同志たちをもたない孤独者が感じられる。しかし、このような欠陥は……ユニウスの個人的欠陥ではなくて、カウツキー主義の偽善と衒学《げんがく》と日和見主義者への『友情』との、こまかな網に四方八方からぐるぐる巻きにされている、ドイツの左派全体の弱点の結果である。」

ローザ・ルクセンブルク

ここでルクセンブルクに向かって、カウツキーおよびカウツキー主義との絶縁をもとめたレーニンも、かなりあとまでカウツキーを尊敬していたのであり、カウツキー批判者としては、ルクセンブルクのそれのほうがはやいのだから、妙なものであるし、これに関連して、「模範としてのドイツ社会民主党」像の検討が必要である。しかし、それよりも奇妙なのは、レーニンが、この批判のはじめの部分で、ユニウスとは「ラテン語で青年の意味」だと説明していることである。組織のなかからでてくる反乱軍は、現代日本の自由民主党から新自由クラブが出現したように、「新」とか「青年」とかいうことばを使うことがおおいから、ドイツ社会民主党反乱軍が、「青年」と名乗ってもふしぎではないかもしれない。たしかに、ルクセンブルクは、一九一八年の『赤旗』の論文でも、「ユウェニス」（若い）というペンネームを使っている。ただし、ルクセンブルク自身はそのとき、四七歳であった。

2

レーニンの魔力をはなれて、ユニウスという字をみよう。イギリス流によめば、ジュニアスである。ジュニアスといえば、イギリス十八世紀後半の、一連の有名な政治書簡の匿名の著者である。

ジョージ三世は、スコットランド出身のビュート伯によって、ボリングブルックの『愛国的王の観念』とブラクストンの『イングランド法注釈』で教育されたといわれるが、一七六〇年に即位すると、たちまち大臣たちと対立し、六二年には、大ピット、ニュウカスル、テンプル（グレンヴィル・テンプル）などを免職して、お気に入りの弱体内閣をつくった。このときから、悪名たかいジョージ三世の親政がはじまる。それは、フランスとの不利な媾《こう》和《わ》、アメリカ植民地にたいする印紙条例、コルシカ独立運動の見殺しというような失政がつづいて下り坂になるのだが、親政の不評を消すために、ビュートは御用文筆家をつかう。その代表的な例が、トバイアス・スモレットが編集した雑誌『ブリテン人』である。スモレットは、アダム・スミスより二歳年上、グラーズゴウ大学の出身で、『批評評論』を創刊（一七五六年）し、ヒュームの『イングランド史』の続篇を書くなど、ひとかどの書き手であるが、それはここでの問題ではない。この『ブリテン人』に対して、反国王派の機関誌として『北ブリテン人』があらわれ、それの四五号（一七六三年）にウィルクスが書いた文章が、国王誹謗のかどで告訴されたことから、「ウィルクスと自由」で知られる騒ぎがはじまった。

ウィルクスは一般逮捕令状に人身保護律と議員特権で対抗したものの、反逆的誹謗文書を理由として議員を除名され、フランスへ亡命する。ウィルクス事件は、ここで終わったわけでなく、彼が一七六八年に帰国してから、騒ぎはさらにおおきくなるのだが、それもいまの問題ではない。ジュニアスというのは、このような政治的激動のなかで、政府を批判した一連の手紙の筆者のペンネームなのである。手紙があらわれたのは一七六六年からといわれ、六八年にはじめて、筆者はジュニアスと名乗った。そして、この一四通五五ページから、版を重ねるにつれて手紙が増加し、序文もつけられて、七二年には二巻三五六ページ、六九通になったのである。

『ジュニアスの手紙』は、その後も版を重ねて、一九二七年のエヴァリット版まで、はじめからかぞえると一五〇種が記録されている。標準版は六九通で、一七七二年版を踏襲しているわけだが、この版は選集であって、まだほかにあるはずだという説があり、すくなくとも私信としては、ウッドフォール、ウィルクスなどにあてたものが七〇通余りすでに公刊されている。たとえば、八〇〇巻にのぼるニュウカスル文書を調べてみれば、さらに出てくるかもしれないという。

追加の手紙をさがすことよりも、筆者をつきとめることのほうが好奇心をそそったらしく、諸説ふんぷんとして、推定された筆者は三八名に達した。もっとも有名だったのは、サー・フィリップ・フランシスで、ほかにはバーク、ギボン、ドゥ＝ロルム、ペイン、シェルバーン、トゥック、ウェダバーン、ウィルクス、ウォルポールなどがあげられたこともあるが、一九四九年にコーダスコが『ジュニアス書誌』で、スコットランド人軍医ラフリン・マクリーンと断定した。*

3

ジュニアスさがしの歴史は、べつの機会にゆずって、『ユニウス・ブロシューレ』にもどろう。ふたつの著作の共通点といえば、いずれも匿名の政治批判であり、ユニウスとジュニアスの綴りが同じだということぐらいしかない。しかしもし、ルクセンブルクが『ジュニアスの手紙』の名声を知っていたなら、筆名をそこからとってきたということも、ありえないわけではあるまい。

それどころか、ルクセンブルクの伝記を書いたネットルは、『ユニウス・ブロシューレ』の出版事情について、つぎのように書いている。「はじめ彼女は、自分の名前で出そうと主張したが、みんなが思いとどまらせた。最終的にえらばれた筆名のユニウスは、イギリスの十八世紀との歴史的対比を、暗示するものであった。」すなわち、ネットルは――そのまえにフレーリヒも――、ユニウスがジュニアスからきたことを、まったく疑っていないのだが、根拠を明らかにしてはいない。しかも、「みんなが思いとどまらせた」のであれば、筆名も、みんながきめたのかもしれない。それならば、ドイツでもこんなことは常識であって、「知らぬはレーニンばかりなり」ということになるのだろうか。このような常識の水準を確認することは、思想史の研究のなかで、つねに必要にして困難なのだが、すこし推定作業をやってみよう。

第一に、一九〇三年に英語で、ジュニアス二世という筆名のパンフレット『せまりくる危機』が、コモンウィール社から出版されている。出版地は不明だが、コモンウィールが、しばらくまえにウィリアム・モリスが出していた雑誌の題名であることから、このパンフレットも、モリスの系統ではないかと考えられる。そうだとすれば、これがルクセンブルクたちの目にふれた可能性はあり、このパンフレットは、『ジュニアスの手紙』を、社会改革論のモデルとみなしているのである。

第二に、ルクセンブルクの歴史的知識は、相当なものだった。スパルタクス、グラックスなどの古代ローマの反乱指導者たちからとった筆名には驚かないとしても、『ディ・インテルナツィオナーレ』のカウツキー批判論文の筆名のように、モーティマー（十四世紀のアイアランド総督）ともなれば、しろうとではない。だから、『ジュニアスの手紙』を直接に知っていたとしてもふしぎではないだろう。

第三に、『ジュニアスの手紙』のドイツ語訳が、すでに一八四七年に、マンハイムで出版されていた。訳者は、『ドイツ・フランス年誌』におけるマルクスの協働者アーノルト・ルーゲである。「ライプツィヒ・六月一日」づけの、「ドイツの読者へ」のなかで、ルーゲは、「ジョージ三世の手中にある絶対王政派にたいする、ジュニアスの、イギリスの自由のための闘争は、現在の世界秩序が……依存する、政治的論理の基礎の全体をふくんでいる。だから私は、これを、英語からドイツ語に訳して提供するのだ」と書いているが、彼は、「イギリスの人民が、彼ら自身がつくった法律によって、自己を統治する」という状態を、ドイツにとっての模範と考えていたのであろう。三月革命の約一年まえである。

ブルジョア民主主義者としてのルーゲが、ルクセンブルク、あるいはもっとひろくドイツ知識人のあいだに、ジュニアスの名を普及させたということであれば、思想史におけるイギリスとドイツが、十八世紀だけではなく十九世紀にも、ややちがった位相において存在したと考えていいであろう。イギリスはドイツ知識人にとって、模倣と同時に批判の対象であった。アダム・スミスの道徳哲学と経済学が矛盾しているのではないかという「アダム・スミス問題」について、それを検討することができる。ルーゲ自身も、そういう素材のひとつであるはずだ。

一八四七年にライプツィヒにいたルーゲは、バックルの『イギリス文明史』ドイツ語訳の序文を書いたときは、南イングランドのブライトンにいた（第一巻初版一八五九年、第二巻初版一八六一年、第五版一八七五年）。バックルが、四〇歳をわずかに超えて死んだのは一八六二年であり、ルーゲは直接にバックルを知っていて、J・S・ミルとバックルとを、現代イギリス最高の知識人として評価したばかりでなく、バックルの遺稿についても、ふかい関心を示したのである。

バックルへの序文のなかで、ルーゲは、「イギリスでは、大陸にくらべて、社会発展が、英雄的行為よりも大きな注目をうけてきた」といい、ジョージ三世の暴政が、知的進歩と自覚した議会によって後退していくことを例として、世論の力を強調している。イギリスの民主主義は、一方ではおおくのヴィクトリア的偽善をふくみながら、後進諸国の知識人にとっては、ながい間ひとつのモデルであった。ルーゲにとってだけでなく、『なにをなすべきか』のレーニン、『ユニウス・ブロシューレ』のルクセンブルクにとっても、そうであったのだろうか。そして、ルーゲのバックルの第五版が出た一八七五年には、「アダム・スミス問題」がすでに始まっていたが、バックルの第二巻の半分は、スコットランド思想史である。ここにも、スコットランド啓蒙の継承についての、見失われたひとつの環があるかもしれない。

＊ James N. M. Maclean, *Reward is secondary. The life of a political adventurer and an inquiry into the mystery of 'Junius'*, London 1963.

ブラウンス・アルヒーフ

1

マクス・ヴェーバーのふたつの有名な論文、「社会科学的および社会政策的認識の『客観性』」と「プロテスタンティズムの倫理と資本主義の『精神』」が、一九〇四—〇五年に、『社会諸科学および社会政策のためのアルヒーフ』に掲載されたことはよく知られている。また、この雑誌が、ヴェーバーの友人エドガー・ヤッフェによって一九〇三年に、それまでの編集＝経営者ハインリヒ・ブラウンから買い取られ、ヤッフェ、ヴェーバー、ゾンバルトの共同編集に委ねられたということも、ほぼおなじ程度によく知られている。しかし、この雑誌を、『社会立法と社会統計のためのアルヒーフ』、別名『ブラウンス・アルヒーフ』として維持してきた、ハインリヒ・ブラウンとはなにものであるか、ということは、逆にほとんど知られていない。日本だけでなく国際的にも、彼はヴェーバーの栄光のまえにかすんでしまったようである。

では、ハインリヒ・ブラウンは、ほんとうにかすんだ存在であったのか。たとえば、ドイツ社会民主党の最後の指導者のひとりであったカール・カウツキー（一八五四―一九三八年）が、ナチスに追われて亡命したアムステルダムで書きつづけた回想記があり、そこに「ヴィーンで、私の身辺に、『ノイエ・ツァイト』に活発な関心をもち、経済問題に高度の素養をもつふたりの博士がいた」として、ハインリヒ・ブラウンとエマヌエル・ザクス（筆名フリッツ・デンハルト）の名前があげられている。すなわち、ハインリヒ・ブラウンは、一八八二年十月にカウツキーが、ヴィーンで『ノイエ・ツァイト』の編集を開始したときの助手であった。

もっとも、このようなカウツキーの期待は、まもなくふたつの点で裏切られる。第一に、「ブラウンはすぐれた編集者であった」にもかかわらず、「やがて私に明らかになったのは、ハインリヒ・ブラウンが、多産な書き手のなかにはいらないということであった」からであり、第二に、「ハインリヒは、われわれの雑誌について、私とはまったく違った読者を考えていた。彼は学者と自由主義者に働きかけようとし、私はプロレタリアに働きかけようとした」からである。そこにもうひとつ、編集陣にユダヤ教ラビ出身のヤーコプ・シュテルンを加えようというカウツキーの提案に、ブラウンがつよく反対するという問題が起こって、ブラウンは一八八三年三月には、『ノイエ・ツァイト』から手を引いてしまうのである。そのときブラウンは、雑誌に投じた創設資金二〇〇〇マルクを取り戻そうとはせず、それをヴィルヘルム・リープクネヒトにゆずり、カウツキーとの交友も絶ち切らなかった。*

2

それから五年たった一八八八年に、ブラウンは、こんどは独力で雑誌を創刊する。これがいわゆるブラウンス・アルヒーフ、すなわち『社会立法・社会統計雑誌――すべての国の社会状態の研究のための雑誌』であり、この雑誌の創刊を歓迎して、翌年の『国民経済・政治・文化史季報』は、つぎのような記事を掲載した。「社会生活の諸現象の全領域についての、ひとつの雑誌に、あらゆる政治的傾向の協力者を結集することが、最近ようやく達成された。この『社会立法・社会統計雑誌』の編集者は、社会民主主義的志向をもつ、ハインリヒ・ブラウンという人物である。」（イグナッツ・ヤストロウ）

その後一五年にわたって（一九〇三年まで）、ブラウンは編集者として成果をあげた。カウツキーもブラウンの編集能力をたかく評価していたが、このあたらしい雑誌におけるブラウンは、「適切な人間に、適切な時点で、適切な問題について、適切なことばを語らせる」才能があるといわれた。この雑誌が、ドイツではじめてマルクス主義の科学的討論を可能にしたとか、「ジュネーヴの国際労働機構の機関誌は、間接にブラウンの創造したものの肩のうえに立っている」（シュテファン・バウアー）とかいう、たかい評価をえたのも、彼の編集者としての能力を証拠だてている。しかし、逆にそれはまた、カウツキーが批判した点——プロレタリア的党派性の欠如——に通じるものでもあった。

そのような成功にもかかわらず、なぜ彼はこの雑誌をエドガー・ヤッフェに売り渡したのか。理由のひとつ、それもかなり重大な理由のひとつは、政策および行政への批判と客観的科学的認識という、ヴェーバーの前掲論文の問題に、ブラウン自身がぶつかったことであった。ハインリヒ・ヘルクナーは、ブラウンに対して、「あなたの事業〔雑誌〕が派閥や党派から独立しているということについては、まったく疑問はありませんが、逆説的ないい方をあえてすれば、あなたはそれ〔雑誌〕をあなた自身からも、独立させようとしているのです」と、警告を発していた。一九〇二年三月に、社会民主党がブラウンを、翌年の選挙におけるフランクフルト－レーブス区の候補者に指名したことによって、彼は政治か科学かの最終的な選択をせまられたのである。ヴェーバーの「客観性」論文のテーマは、ヴェーバーの問題だっただけでなく、序論的部分からもわかるように、アルヒーフそのものの問題でもあった。

ハインリヒ・ブラウン

ヴェーバーと違ってブラウンは社会民主党員であったから、おなじく政治と科学といっても、問題の位相が違っていたことはもちろんであり、他方、党内の修正主義論争は、一九〇三年のドレスデン党大会で、ブラウンに対してあたらしい出版活動の課題を提起した。正統派の『ノイエ・ツァイト』に対して、修正派の『ノイエ・ゲゼルシャフト』をブラウン夫妻（妻のリリー・ブラウンは、社会民主党員であり、女性解放論者としても有名）が編集することになったのである。この雑誌は、一九〇五年から七年まで、週刊誌としてベルリンで発行されるのだが、ブラウンはこれによって、科学から政治への移行を択《えら》んだわけである。アルヒーフの売却は、『ノイエ・ゲゼルシャフト』創刊のための資金調達の方法でもあった。一九〇三年七月二十日に、ブラウンは、ヤッフェ、ゾンバルト、ヴェーバーにアルヒーフの編集権と所有権を売り渡し、一八巻を最後に手をひいた。この売買にはヤッフェがもっとも熱心で、資金を提供し、かなり以前からアルヒーフの執筆者であったゾンバルトはためらいがちで、ヴェーバーをひきいれることにはブラウンが熱心であった。**

3

ハインリヒ・ブラウン（一八五四―一九二七年）は、鉄道技術者である父が仕事のためにハンガリーにいたとき、ペシュト（現在のブダペシュトの一部）で生まれた。教育を受けたのは主としてヴィーンであるが、高校時代の一部分をライプツィヒで、大学時代の後半をシュトラスブルクとハルレで過ごした。最初のヴィーン時代の学友にジクムント・フロイト（一八五六―一九三九年）がいて、ブラウンを「若きライオン」とよんだ。フロイトは少年時代のブラウンが、レッキイの『合理主義精神の興隆と影響』とバックルの『イギリス文明史』に感激していた、と述べている。そして、ライプツィヒから帰ってきた彼は、アカデミー高校***で、カウツキーと知りあった。しかし、カウツキーがパリ・コミューンの衝撃でオーストリア社会民主党に入党し、大学入学を二年おくらせてしまったのにくらべると、ブラウンの政治的目ざめは、ややおそい。彼はヴィーン大学法学部で、ローレンツ・フォン・シュタインの講義をきいた。カウツキーの回想によれば、講義は財政学が中心で、行政官になる学生に実務的知識を与えるためのものだったというが、ブラウンにとっては、それ以上の意味をもったようである。

シュタイン（一八一五―九〇年）は青年時代に、『現代フランスの社会主義と共産主義』（一八四二年）を書いて、マルクスにも影響をあたえたといわれた――他方ではプロイセン政府のスパイだともいわれた――人物であるが、デンマークからのシュレスヴィヒ独立運動に参加してキール大学を追われ、一八五五―八八年にはヴィーン大学教授として、国家学（統計学・人口論・経済学・財政学をふくむ）を教えていた。一八八二（明治十五）年夏には、伊藤博文が、日本帝国憲法制定準備のためにヴィーンでシュタインの個人講義をきき、その後も日本人の聴講者がつづいた。海江田信義の『須多因氏講義筆記』(一八八八年)は、その成果のひとつである。こういうシュタイン像——とくに後期の——と、ブラウンの政治的目ざめとは、とうてい結びつかないが、シュタインも、同様の立場にあったレスラーも、けっして明治憲法べったりであったわけではないし、成長期にある精神に、一定の素材を提供することはできたであろう。

ヴィーンは、パリのように——あるいはパリ以上に——カフェの町であったから、ブラウンは仲間たちとカフェ・ドゥ・ヴィエンヌ(喫茶店ヴィーン)で、議論の花を咲かせるのがつねであった。ある日ブラウンは、そこで友人と哲学を論じていて、隣席の医学部学生と知りあった。ショーペンハウアーを尊敬していたこの医学生は、ヴィクトール・アードラー(一八五二—一九一八年)、のちのオーストリア社会民主党の指導者である。彼はすでに高校時代から、アードラー・サークルとよばれる青年グループの中心で、まもなくブラウンもそれに参加する。そのうえ、妹のエンマ・ブラウン(一八五八—一九三五年)は、アードラーと結婚し、弟のアドルフ・ブラウン(一八六二—一九二九年)は、党活動でアードラーを助けることになるのである。

4

しかしブラウンは、オーストリア社会民主党に籍を置いたことはなかった。彼は一八八七年秋にシュトラスブルクに移り、クナップとシュモラーのもとで経済学の研究にとりかかる——最初のゼミナールのテクストは、エンゲルスの『イギリスにおける労働者階級の状態』とヒルデブラントの『過去と現在の経済学』であった——が、ちょうどそのときドイツでは、ビスマルクの社会主義鎮圧法が施行されたばかりで、ブラウンは翌年一月のある朝、警官にふみこまれた。この事件は、彼がすでにドイツ社会民主党員であったことを意味するであろう。

シュトラスブルクのブラウンは、経済学者よりも哲学者からたかく評価され、とくにマールブルク学派（新カント派の倫理的社会主義者）の指導者となるパウル・ナトルプは、ブラウンをハルレ大学の私講師とするために、さまざまな助言と斡旋をつづけた。ブラウンを研究者に、というナトルプの期待はみたされなかったけれども、ブラウンは新カント派社会主義者として、ヴィーンに帰ってきたのである。

それからあとのブラウンの活動は、まえに述べたとおりであるが、第一次大戦は、彼からひとり息子のオットー（一八九七—一九一八年）を奪った。そのうえ、戦後オーストリアの再建をになうべきヴィクトール・アードラーも、その年の終わりには死んだ。ブラウンはなお、ドイツ社会民主党に属してはいたが、その役割はほとんど終わっていた。彼の死後、ヴォルフガンク・ハイネは書いている。「ハインリヒ・ブラウンは、ドイツ社会民主党のなかに足場をもつことができなかった。それは彼が学者だったからではなく、性格上、孤独だったからである。」

＊ Benedikt Kautsky, *Erinnerungen und Erörterungen von Karl Kautsky*, 'S-Gravenhage 1960, S. 533-542.

＊＊ Julie Braun-Vogelstein, *Heinrich Braun. Ein Leben für den Sozialismus*, Stuttgart 1967, S. 68-77, 142-198. この本はおなじ著者による *Ein Menschenleben. Heinrich Braun und sein Schicksal*, Tübingen 1932. の改訂増補版。

＊＊＊ カウツキーによれば、アカーデミッシェス・ギムナジウムは当時のヴィーンでもっとも反封建・反教会的な高校で、テレジア高校と対照的であった。

マクス・ヴェーバーをめぐる女性

1

マリアンネ・ヴェーバーに、『フィヒテの社会主義とそのマルクス学説への関係』（一九〇〇年）という著書がある。マリアンネが『マクス・ヴェーバー』のなかで、「彼女はこの苦難の時代に、自分の処女論文への熱意によって、姿勢をたかく持してきた」と書いたときの、処女論文にあたるものであろう。苦難の時代とは、夫マクスが、神経症のためにシュヴァーベンの病院に入院した時期である。

この入院のまえに、「一九〇〇年六月、ハイデルベルク」で書かれたマリアンネの序文は、「私の夫の見解の影響を、人はとくに、一六ページ（プラトーンの国家論）、六六―七一ページ、一ページ註、一〇二ページ註三の、若干の議論のなかに認めるであろう」とむすばれている。それらの影響を推測することに興味をもつ読者もあるだろうが、ここではそれぞれの箇所でなにが述べられているかを、列挙するにとどめなければならない。一六ページに

マリアンネ・ヴェーバー

ついてはくり返さないとして、六六―七一ページは、「フィヒテの要請の、経験的現実との関係における意味」と題する節の前半にあたり、一ページ註は、マルクス主義をふくむ社会主義の定義に、一〇二ページ註三は、原始共産体の虚構性にかんするものである。

マリアンネの序文のこの部分に、編集者の註がついている。編集者というのは、この本が「バーデン州高等教育機関経済学論集」という叢書の第四巻第三分冊だからであって、名前をならべているのは、フックス、シュルツェ＝ゲファニッツ、マクス・ヴェーバーである。「編集者註。私はつぎのことをいわざるをえないと思う。すなわち、著者は、彼女が強調した諸論点と、ときおり私がした文献的術語的な助言とをのぞけば、あらゆる点で自分の道を独自に求めたにちがいないし、私からは、他の教師たちからとまったくおなじく一般的な種類の、講義による刺激を受けたにすぎない、ということである。M・W」わざわざこうまで書かないでもよさそうなものだが、これもまた神経症で入院の直前だったためであろうか。

マリアンネがこのテーマを選んだのは、マクスの影響というよりも、指導教授リッカートの影響であろう。ヴィンデルバントの『フィヒテのドイツ国家理念』（一八九〇年）にはじまるこの学派（新カント派のなかの西南ドイツ学派）のフィヒテへの関心は、リッカートのゼミナールに女性としてはじめて参加したマリアンネにもひきつがれたのである。しかし、リッカートがハイデルベルクの教授になるのは一九一六年であるから、マリアンネが、彼のゼミナールに出席したのは、一八九三—九六年のフライブルク時代であろう。バーデン州が女性を完全な学生として認めたのは一九〇〇年二月であり、マリアンネは、聴講生として参加したと考えられる。その年にはじめて、ハイデルベルク大学に四人の女子学生が入学したのである。

したがって、マリアンネ自身が書いているように、女性が大学のゼミナールに出ることは、たいへんな事件であったが、他方では、ひとつの歴史的な流れの先駆を意味した。マクス・ヴェーバーが、婚約時代の手紙のなかで、おそらくマリアンネの要求に応じて、ベーベル（『女性と社会主義』）を送ろうか、いっしょに読もうかと書いているのは、彼女の女性解放への姿勢を反映したものといえる。彼女は『フィヒテ』のあと、『妻と母』（一九〇七年）、『女性問題と女性思想』（一九一九年）などの著作によって、この姿勢を明らかにしていくのである。後者に、「学問への女性の参加」（一九〇四年）、「職業と結婚」（一九〇五年）、「主婦労働の評価の問題」（一九一二年）というような論文がふくまれているのも、当然であろう。

2

女性解放の闘士としてのマリアンネと、はじめに引用した序文や『マクス・ヴェーバー』にみられるような、夫への全面的傾斜がどう結びつくのかも、ひとつの疑問ではあるが、前記の論文集に「性倫理の原則的諸問題」（一九〇七年）という論文があることも、この関連で注目をひく。

「われわれはもはや、ピュウリタニズムおよび『ブルジョア道徳』のように、ある人格の倫理的な全体価値を、性倫理的理想にたいする彼の態度とかんたんに同一視したり、それに到達しない人格を、『不道徳』とよんだりはしないであろう。われわれは、性質と行動様式との多様性が、人類の高貴さをつくっていること……を、認識することを学んだ。／こうしてわれわれは、ある人格の『倫理性』を判断するにあたって、注意ぶかくなければならない……。うたがいもなくわれわれは、強烈な性的緊張の時代に生きているのだ。売春の増加は、性的自由主義へのたえざる叫びとおなじく、そのことを示している。／……ドイツの母親は、娘を、精神的および経済的な独立に向かってだけではなく、相手の男性の倫理的水準にたいするたかい要求をもつようにも、教育しなければならない。そのさいわれわれが想起したいのは、婚前の性的純潔という目的の、事実上の絶対的な達成ではなく、それへ向かっての誠実な努力を、われわれが求めているのだ、ということである。」

才女マリアンネ奮戦中という感じだが、この歯切れのわるさはどこからくるのか。売春と性的自由主義をならべていることからわかるように、戦線がふたつあるからである。ひとつは、後進国ドイツで、女性が男性にたいして性的純潔を要求するという平等のための闘いであり、もうひとつは、性の平等とむすびついてあらわれる性の自由への闘いである。マリアンネは、女性の解放が性の解放に直面せざるをえないこと、「エロティークだけが両性の結合の価値を最終的にきめるものではない」にしても、エロティークを無視しえないことを知っていたし、しかも、性の解放が、男性支配のもとでは、女性の地位の低下を意味することも知っていたのである。

奇妙な逆転が起こる。現実の社会では、性の解放は女性の解放を意味しないし、そこで男性がもっている性的自由は、売春に象徴される性的不平等につながるものであるが、それにもかかわらずエロティーク自体は否定できないし、性的純潔だけが唯一の価値ではないのだから、性的自由——現実には男性だけがもつ——を容認しなければならない、ということになるのだ。

ユンカー主導の資本主義化に不満をもつ後進国ドイツのブルジョアジーたちが、それにもかかわらず資本主義化を否定することはできないという理由で、ユンカー主導まで承認してしまうのとおなじ論理であって、これならば、ヴェーバー家におけるマクスの地位は安泰である。

3

だから、というわけではないかもしれないが、エルゼ・フォン・リヒトホーフェンが登場する。リヒトホーフェン家は、第一次大戦の戦闘機乗りとして有名な「赤い男爵」をだしたプロイセンの名門で、エルゼとフリーダの姉妹は、そのあまり有名でない分家の出身である。エルゼが、ハイデルベルクの最初の女子学生のひとりとして、一九〇一年に学位をとり、バーデン州最初の女性工場監督官になるという道をたどったのは、ヴェーバー夫妻の影響によるところがおおきかった。エルゼは、回想記のなかで、「マリアンネの支配的影響」を認めているそうだが、いまの問題は、マクスとエルゼの関係である。

エルゼは、アルフレート・ヴェーバーとの婚約を破棄して、一九〇二年に教師のひとりであるエドガー・ヤッフェと結婚した。ヤッフェは富裕なユダヤ人で、『ブラウンス・アルヒーフ』を買いとって、ヴェーバーと共同で編集するときも資金の提供者であったが、エルゼが愛情から結婚したのではないことは、妹たちや友人たちには、はっきりわかっていたといわれる。金が目当てとまではいわないにしても、文化の都ハイデルベルクで、もっとも確実な地位がえられたことはたしかである。当時のハイデルベルクは、ミュンヘンとともに、反プロイセン＝ビスマルク的風潮の中心であった。

一九一〇年に、ヴェーバー夫妻はヤッフェ夫妻とともにイタリアに旅行し、マリアンネだけがさきに帰宅した。そのあとヴェネツィアで、マクスはエルゼに愛の告白をしたというのである。それは、ルー・アンドレアス＝ザローメが『エロティーク』を出した年であり、エルゼが、女子労働者の労働条件についての会議で、社会問題よりも美の追求のほうが優位にたつようになった、と述べた年であった。マリアンネは、マクスとエルゼとの関係にまったく気づかなかったわけではなく、とくに、一九一九年に彼女がバーデン州議会議員に選出されて、ミュンヘンで夫と生活できなくなったころの手紙は、この問題を意識していることからくるあせりのようなものを感じさせる。そして彼女は、ヤスパースに、夫とエルゼの関係について尋ねさえしているのだが、答は「マクス・ヴェーバーは真理そのものでありました」という、崇拝者のそれであった。

エルゼ・ヤッフェ

エルゼのほうでも、マリアンネを裏切ることの苦しさから、マクスを避けてアルフレートに近づいたようであるが、はっきりした証拠は、エルゼが、自分の死後に公表することを条件にバウムガルテン（マクスのいとこの子）に渡した手紙のなかにあるといわれる。マクスの著作のなかにも二人の関係は反映していて、ひとつは、『ロゴス』（一九一七年）に発表された「倫理的中立性」であり、もうひとつは、『宗教社会学』第二章の二回にわたる書きなおし（一九一六年、二〇年）であり、この最後の書きなおし原稿は、やはりエルゼからバウムガルテンに渡された。エルゼが、エロティークのなかに美的価値があると言ってマクスに衝撃をあたえたのは、二人が一九〇八年に、ハイデルベルクの城内を歩いていたときであった。

ヴェネツィアのできごとから二年にならない一九一二年の五月、ミュンヘンに近いアルフレート・ヴェーバーの別荘に、男女の客が訪れて、しばらく滞在した。男はのちに『チャタレー夫人の恋人』を書くD・H・ロレンス、女は彼の大学での旧師の妻フリーダである。フリーダはまえにあげておいたようにエルゼの妹で、ノティンガム大学講師ウィークリと結婚していた。ずっとあとになって、マリアンネの死をきいたフリーダがエルゼにあてて書いた手紙は、エルゼとヴェーバー夫妻の関係のふかさを示している。

マーティン・グリーンという米タフツ大教授のイギリス人が、エルゼとフリーダを中心に、ヤッフエとウィークリ、ヴェーバーとロレンスにそれぞれ類似した位置づけをあたえ、オットー・グロスやJ・M・マリまで登場させて、「時代精神はエロスであった」という時代の、集団思想史を書こうとした。[*] 成功しているとはお世辞にもいえない水増しの大著だったが、意気は壮とすべきである。

* Martin Green, *The von Richthofen sisters. The triumphant and the tragic modes of love*, New York 1974.

Ⅲ ファシズムのもとで

グーテンベルク図書組合

1

一九三〇年代の左翼文化運動として知られるイギリスのレフト・ブック・クラブは、その名称からもわかるように、一定の政治的立場からの図書普及運動であり、これに対抗してできたライト・ブック・クラブにしても同様である。しかし、ブック・クラブそのものは、イギリスでは一八一三年創立のロクスブラ・クラブ以来、いくつもつくられたし、アメリカでも「今月の図書クラブ《ブック・オヴ・ザ・マンス》」などのような企業的成功の例がある。

ところが、フランスには対応する例がみあたらない。「フランス人の個人主義」によるという説もあるが、「学芸美術協会 Société des lettres et des arts」についてみても、主眼は本の内容よりも装幀にあったらしく、これはいわゆる愛書家《ビブリオファイル》の団体である。愛書家が、本の内容よりも外装に関心をもつのは一種の骨董趣味に違いないし、したがってまた、愛書家がつねに読書家であるとは限らないのである。

ドイツでは、フランスのこういう小市民趣味とはまったく違った理由で、グーテンベルク図書組合《ビュヒャーギルド》が、一九二四年八月にベルリンにつくられた。[*] その理由というのは、第一次世界大戦とその後のインフレーションによる図書購買力の低下、出版・印刷業の経営危機であり、とくにグーテンベルクのばあいは、同時につくられた他の多くの政治的あるいは宗教的な図書組合と違って、印刷・製版業の協同組合という、経営政策的要素が強かった。ただし、それは売上げを伸ばすためというよりも、本をつくる側――このギルドの特徴は、ここにイニシアティーヴがあったことである――の良心を満足させるような経営形態として、著者・印刷者・読者をふくめた協同組合を考えたものであった。規約のなかに、「文学的に傑出し、そして芸術的趣味的にすぐれた印刷による、諸著作をつくりだす」と定めてあったのは、つくる側の愛書家的イニシアティーヴの表現であろう。

もちろん、既存の出版業者からの妨害はあった。それは、直接には著者に向けられ、グーテンベルクで著作を出版した著者が、既成業者からボイコットされることになった。その効果があったためか、このギルドの初期の出版物は、翻訳が多いようである。たとえば、ジャック・ロンドン、アプトン・シンクレア、マルティン・アネルセン・ネクセ、ブラスコ・イバニエス、ロマン・ロランという調子で、オリジナルはブルーノ・トラーフェンぐらいであり、トラーフェンにしても、たしかにドイツ語で書きはしたが、国籍も経歴も不明の作家なのである。そういうなかで、このギルドの立場をかなりはっきり示したのは、一九一九年に暗殺されたバイエルン・レーテ共和国首相クルト・アイスナーの記念出版[**]であろう。

このような、むしろ不利な状況におかれていたにもかかわらず、ギルドの経営状態は悪くなかった。創立のときには約五〇〇〇であった会員は、五年後の一九二九年末には六万八〇〇〇に達したのである。しかし好調はながく続かなかった。一九三三年一月にはナチス政権が成立し、五月にはグーテンベルク図書組合は「労働戦線」に編入されることになる。ベルリンのグーテンベルク図書組合は、このときに生命を断たれたのであった。三三年一月の会員数は八万五〇〇〇であったといわれる。

2

ベルリンのギルドが消滅し、その建物にハーケンクロイツの旗がひるがえったとき、ナチス・ドイツの力がまだ及んでいないドイツ語圏にあった三支部が、それぞれ独立した。すなわち、ベルリンのギルドがナチスの手中に陥ちてわずか二週間後の五月十六日には、チューリヒに「チューリヒ・グーテンベルク図書ギルド協同組合」が設立され、プラハとヴィーンの支部も類似の形態をとった。一九三六年には、三者はあわせて二万五〇〇〇の会員（そのうちスイスが一万二〇〇〇）をもつにいたるが、いうまでもなくプラハとヴィーンでは、ナチスの侵略によって、まもなく活動に終止符を打たなければならなくなって、チューリヒだ

An alle Gildenfreunde!

S.-A.-Leute haben das Buchdruckergebäude und die Büchergilde in Berlin besetzt. Die Leitung und Angestellten der Büchergilde werden, soweit sie nicht in Schutzhaft sind, durch bewaffnete Hand gezwungen, weiter zu arbeiten. Es ist ganz klar, daß die Gilde, die wir mit so viel Liebe und Aufopferung großgebracht haben, in Kürze von den Nationalsozialisten übernommen und in ihrem Sinne weitergeleitet wird. Nach den neuesten Nachrichten sollen sämtliche Buchgemeinschaften aufgelöst werden unter der Losung: «Das Buch den Buchhändlern». Das werden wir Gildenfreunde in der Schweiz, in Oesterreich und der Tschechoslovakei uns nicht gefallenlassen. Die Vertrauensleute von Zürich haben sofort eine Kommission gebildet, die die Gründung einer neuen schweizerischen, von Berlin unabhängigen Büchergilde in die Wege leiten wird. Wir sind überzeugt davon, daß alle Gildenfreunde diesen Entschluß mit Begeisterung aufnehmen werden. Wir bitten, den beiliegenden Austritts- und Eintrittsschein, der lediglich eine vorsorgliche Maßnahme darstellen soll, unverzüglich auszufüllen und dem zuständigen Vertrauensmann oder an die Kommission der Schweizer Büchergilde, P. Reinert, Zypressenstr. 123, Zürich 4, zu senden.

Tüchtige Kräfte haben sich uns zur Verfügung gestellt, so daß wir in der Lage sein werden, die Gilde in bisherigem Sinne weiterzuführen. Helft uns, dieses Werk zu schaffen und werbt mit neuem Eifer für das neue Werk.

Mit Gildengruß

Kommission
zur Gründung der Schweizer Büchergilde, Zürich.

チューリヒのギルド創立委員会のよびかけ

けがベルリンのギルドを継承することになる。

ベルリン時代のギルドの活動については、手もとに機関誌*Die Büchergilde* の一九二九年と三〇年分があるだけなので、くわしいことはわからないが、チューリヒに移ってからのほうが活動は活発になり、多様化したのではないかと思われる。というのは、一方では、チューリヒは地理的・言語的に当然ドイツ人亡命者の拠点となったから、ギルドもその運動に参加したし、他方では、スイスでの活動は、ドイツ語圏だけというわけにはいかなかったのである。

チューリヒにギルドの本部ができたとき、会長になったのはスイス社会民主党の党首であったハンス・オプレヒトであり、主要な支援団体は、スイス労働組合連合、スイス協同組合連合、および若干の印刷協同組合であった。出版業者の側からは、ドイツのばあいと同じように妨害があり、ギルドが直面した最初の困難は、すぐれた著者を獲得することであった。

　創立後まもない七月号の機関誌は、つぎのように訴えた。

「従来の協力者の一部は、ドイツから逃がれたし、何よりもまずふたたび探し出されなければならない。他の部分は、牢獄か強制収容所にいるだろう。少数の人びとはすでに、『同化』してしまった。われわれは、従来の著者たちの再獲得に努めるとともに、今日、ひとりのアーリア人（ヒトラー）が読もうとしない執筆者たちのなかに、新しい協力者をみつけるように努力するであろう。」

　そういう努力のひとつとして、「グーテンベルク図書組合著作者・芸術家援助基金」がつくられ、チューリヒ市はただちにこれに一〇〇〇フランを寄附した（ほぼ五〇年後の時点では数千万円に相当する）。ドイツ共産党員の亡命作家ハンス・マルヒヴィッツァの三部作の第一巻『クミアク一家』（ルールの炭鉱労働者の物語）が一九三四年十一月にギルドによって出版されたとき、この援助基金によるのかどうかはわからないにしても、著者の亡命生活を支えたのは、赤十字からの週五フランの支給とギルドからの印税前払いであった。

　しかし、マルヒヴィッツァのような作家をながく確保することは困難であった。というのは、『クミアク一家』が出版されるまえに、すでに彼は、スイス政府によって追放されていたからである。たしかにスイスは、ファシスト政権からの亡命者に対して一定の保護を与えたけれども、同時に、亡命者の政治活動に対しても敏感な警戒心を持っていて、連邦議会は一九三四年三月に、「出版の自由の乱用に関する決議」で、「スイスと他国との関係を害する」出版物の排除を規定したのである。スイスを追放されたマルヒヴィッツァは、その後スペイン国際旅団に参加し、フランスの収容所にはいり、アメリカで労働者として亡命生活を送り、『クミアク一家』三部作の完成は、一九五九年までもち越される。

ギルドの会長ハンス・オプレヒトの兄弟エミール・オプレヒトは、創設期（一九二一—二四年）のスイス共産党員であり、二〇年代・三〇年代のスイスにおける代表的な左翼出版社オプレヒト＝ヘルプリングの所有者であった。彼は一九三二年から、マルクス主義的反ファシズム雑誌『インフォルマツィオーン』を出版していて、そのときは共産党員ではなかったが、ハンス・オプレヒトの社会民主主義に同調したわけでもない。しかし、反ファシズム統一戦線が、オプレヒト兄弟の間にも成立したらしく、エミールはギルドに対して協力的であった。ギルドの出版物を書店の配給網に乗せるために、オプレヒト＝ヘルプリングとギルドの協同で、一九三三年にオイローパ出版社がつくられた。これは現在でも活動中の同名の出版社の前身であろう。ただし、このときの経営上の予想ははずれて、ギルドは翌年、オイローパから手を引いた。こうなると、オイローパのその後を追跡したくなるのだが、残念ながら資料がない。

もうひとつ、ギルドが参加した出版社に、ジャン・クリストフというのがある。もちろんこれはロマン・ロランの小説の題名からとった名称で、この出版社は、社会・政治・経済の領域での出版を担当したのだが、やはりながくは続かなかった。いくつかの既存の出版社と共同でスイス近代文学を代表する『ゴットフリート・ケラー全集』を出そうという計画も、実現しなかった。

ギルドの外側への発展で成功したのは、一九三六年にロザンヌに設立された図書組合 Guilde du Livre であった。これは、名称からわかるように、ドイツ語圏からフランス語圏への活動の拡大であり、フランスの読書界の伝統を破って、出版社が、仮綴《かりと》じの紙装ではなく本装幀で出版物を提供するという先例をつくった。グーテンベルク図書組合が初めから持っていたふたつの魂のうちのひとつ、すなわち「美しい本」を求める愛書家の魂が、ここでは支配的であった。それでも共産主義的だという新聞の攻撃にあって、ふたつのギルドは相互の——というよりもギルド・デュ・リーヴルのグーテンベルクからの——独立性を確認しなければならなかった。スイスにも、ユニオン・ナシオナルのようなファシスト団体が存在したのである。

3

このような困難にもかかわらず、グーテンベルク図書組合そのものの経営は成功して、会員数は一〇年間に一〇倍（一九三五年の九五〇〇から一九四五年の一〇万二三〇〇へ）になった。一九四六年には書店組合との和解も実現した。だがその成功は、先に述べたふたつの魂のうちのひとつを捨てることによって、つまり「労働者のために良書を安く」という観点を捨てて、美術品としての図書に重点を移行させることによって、可能になったようにみえる。

もちろん、前記のマルヒヴィッツァの例があり、初期のギルド文学賞は、ブレンターノやデブリンやイルベルクのような社会主義者に与えられた。ショーロホフやゼーガースやハインリヒ・マンの名も出版目録のなかにはみられる。しかし、全体としては、いわゆる名作を美術的な装幀とさし絵で出版したものが圧倒的に多いのである。社会科学書にいたっては、アンリ・ヴァロン編集の『マルクス主義によってみた科学』、ラスキの『現代革命』、バウアーの『合理化』、マチエの『フランス革命』などが約二〇点あるにすぎない。

このようにみてくると、グーテンベルク図書組合は、反ナチス抵抗運動の一翼を担ってはいたが、終始一貫して強力な翼であったとはいえないようである。ドイツ民主共和国（東ドイツ）の文学史家ミッテンツヴァイは、「図書組合の出版計画は、けっして非常に戦闘的ではなく、これまでのオプレヒトの出版の水準に達しなかった」といい、オプレヒトが一九三九年に行なった講演のなかで、「未来はいかなる精神的貴族主義にも属せず、精神にみたされた民主主義に属する」と述べたことにふれて、「図書組合の発展はこうした方向をとらなかった。のちには——とくに一九四五年を過ぎると——その計画は輪郭のぼやけた娯楽文学へと堕落した」と結論している。[***]

戦後のドイツで、グーテンベルク図書組合は復活しなかったのか。一九五六年にフランクフルトで『自由の書』というアンソロジーが、この図書組合によって出版されているが[****]、くわしいことはわからない。

* Helmut Dressler, *Werden und Wirken der Büchergilde Gutenberg*, Zürich [1947].

** *Welt werde froh! Ein Kurt-Eisner-Buch. Zum 10. Jahrestage der Ermordung Kurt Eisners*, herausgegeben von der Büchergilde Gutenberg, Berlin 1929.

*** Werner Mittenzwei, *Exil der Schweiz*, Leipzig 1931.

**** Anna Siemsen u. Julius Zerfass (hrsg.), *Das Buch der Freiheit. Stimmen der Völker und Nationen aus vier Jahrtausenden*, Frankfurt a. M. 1956.

マリク書店とハートフィールド

1

ルカーチは、最初の著作『歴史と階級意識』（一九二三年）および『レーニン』（一九二四年）の装幀が、気にいらなかったという。いま、後者の初版が手もとにないので、これについてはなにもいえないが、前者は、褐色の紙表紙に、著者名、書名、出版社名、地名が書いてあるだけである。なにがルカーチの気にいらなかったのか。それは、表紙の字が全部、新聞紙らしいものの切抜きで構成されていること、そしてそれが、ダダイストの作品だということである。第一次大戦期の混乱のなかで発生した芸術運動としてのダダイズムと表現主義の結合、ルカーチの表現主義論争における否定的態度を考えてみれば、リアリズムを強調して小市民的主観的急進主義を批判した彼が、自著のこの表紙を不快に思ったことは、理解できる。

著者が知らないうちに装幀ができたのは、ルカーチがヴィーンにいたためであろうが、同時に、彼が出版社を信頼して、装幀をまかせたという事情もあったのではないかと思う。そして、長期的にみればこの出版社は、彼の信頼を裏切らなかったのである。なぜならば、ヴィーラント・ヘルツフェルデ（一八九六―?年）の主宰するマリク書店は、一九一六年にベルリンに設立されて、雑誌『新青年』*Neue Jugend* を第七号から発行しはじめて以来、一貫して共産党系出版の最有力な拠点のひとつであったからである。*初期の出版物に、『歴史と階級意識』やジノヴィエフの『レーニン』をふくむ「革命小文庫」（一九二〇―二三年）、ヴィットフォーゲルの『あかい兵士たち』をふくむ「革命演劇双書」（一九二一―二三年）、ルカーチの『レーニン』やヴィットフォーゲルの『市民社会史』をふくむ「科学と社会双書」（一九二四年）があることから、全体の方向を推測できるであろう。

マリク書店は、ゴリキー、エレンブルグ、ショーロホフ、トレチャコフ、アプトン・シンクレアなどの翻訳とともに、ベッヒャー、ブレヒト、ゼーガースというようなドイツ・プロレタリア文学の代表者たちの作品を出版したが、たとえばブレヒトのばあい、その著作集の第三巻と第四巻は、マリク書店のプラハにおける亡命出版活動が、ゲシュタポとその協力者によって一九三八年晩秋につぶされたとき、印刷中で、一部は製本中であり、すべてはズデーテン地方で没収されてしまった。マリク書店はただちにロンドンに移り、著作集の第一巻、第二巻はそこで出版される。没収された巻のなかから、ブレヒトがもっていた校正刷によって出版されたのが、『スヴェンボル詩集』（一九三九年）である。プラハ時代のマリクの重要な出版活動としては、もうひとつ、亡命ドイツ人作家の雑誌『新ドイツ誌』*Neue Deutsche Blätter*, 18 Hefte 1933-35. をあげておかなければならない。

一九三九年五月に、マリク書店は、ロンドンからニューヨークに移り、O・M・グラーフの主宰するドイツ作家同盟の協力をえて、「亡命ドイツ作家集」を、アメリカの雑誌『方向』の特別号として発行する。しかし、アメリカでの出版活動は、マリク書店としてはこれだけであって、あとは、一九四四年四月設立のアウローラ書店としての一二冊である。アウローラは、はじめ『演壇』*Die Tribüne* と名づけられるはずで、ヴィーラントは、DとTをくみあわせた商標をつくったのだが、だれも見ただけではその意味がわからず、舟を連想したので、ロシア革命で有名な巡洋艦アウローラの名を使うことになったのだという。

アウローラの出版物一二冊のなかには、ブロッホの『自由と秩序』(一九四六年)があり、最後に出版されたのはハインリヒ・マンの序文をもった文集『朝やけ』(一九四七年)であった。朝やけという題名は、アウローラからとられただけでなく、マンが序文で書いているように、「三〇〇年以来はじめてドイツが迎えた日」を記念したもので、内容は、ドイツ三〇〇年の歴史のなかでの(ヴァルター・フォン・デル・フォーゲルヴァイデからゲオルク・トラークルまで)、平和と正義にかんする発言であった。ヴィーラント・ヘルツフェルデは、まもなく帰国し、アウローラの出版業務は、ドイツ民主共和国(東ドイツ)アウフバウ書店によって継承される。

2

以上のようなマリク書店の出版活動を、装幀とさし絵の面でささえたのが、ヴィーラント・ヘルツフェルデの兄ジョン・ハートフィールドであって、彼は第一次大戦中に、「神はイギリスを罰する」というドイツ側のスローガンに抗議して、ヘルムート・ヘルツフェルデという自分の姓名をイギリス流に改め、ずっとあとになって――おそらく第二次大戦後――それを合法化したのである。

ジョン・ハートフィールド

ハートフィールドは、親友ゲオルゲ・グロスと共同で開発したフォトモンタージュを駆使して、本の表紙（カヴァー）やポスターをつくり、政治的宣伝煽動の効果をあげた。日本でいちばん有名なのは、ドイツ国会放火事件について、被告（ディミトロフ）と原告（ゲーリング）の地位を転倒させて描いたポスターであろう。グロスも、政治的諷刺漫画で有名で、日本では戦前から、とくに柳瀬正

ハートフィールドの「再びゆるすな」

夢をつうじて、よく知られていた。

　フォトモンタージュ手法の発見について、グロスはつぎのように書いている。「一九一六年の、ある五月の朝の五時に、ジョニー・ハートフィールドとぼくが、町（ベルリン）の南端にあるぼくのスタジオで、フォトモンタージュを発明したとき、われわれはこの新発明をまちうけていた無限の可能性について、あるいはその茨の、しかし成功の道について、なんの考えもなかった。」ハートフィールドの装幀は、たいへん好評で、有名な左翼ジャーナリスト、トゥホルスキーは、「もしぼくがクルト・トゥホルスキーでなかったなら、ダダのモンタージュ作家ハートフィールドが作った、マリク書店のブック・ジャケットになりたい」とさえいった。ふたたびグロスのことばをかりれば、彼らはフォトモンタージュによって、「ことばでいえば検閲官たちに禁止されそうなことを、絵でいおうとした」のである。

　彼らとヴィーラント・ヘルツフェルデは、一九一八年にドイツ共産党が創立されると翌日に入党したが、すでにその年のはじめにチューリヒからベルリンに波及したダダの運動に参加していた。一〇年のちにフランスで起こるような、シュルレアリスト（ブルトン、アラゴン、エリュアールなど）と共産党との結合と離反の複雑な関係は、ドイツでは、すくなくともこのダダイスト・グループについてはなかったらしく――表現主義論争がその一種だといえないこともないが――、一九二〇年に彼らが主宰した第一回国際ダダ展覧会は、アナキストのラウール・ハウスマンの署名入りで、「ダダ的人間は搾取のもっとも根本的な反対者である」というスローガンを掲げていた。

『万国労働者画報』（ＡＩＺ＝Arbeiter-Illustrierte-Zeitung　一九二一―三九年）にハートフィールドが参加したのは、一九三〇年からであるが、まもなく一九三三年一月にはヒトラー政権が成立し、迫害と亡命が続出する。ハートフィールドも、逮捕を逃がれて六週間潜伏したのち、発見されそうになってタクシーにとび乗り、運転手に、「急いでくれ、同志」といったところ、相手はほんとうに同志だった。それから彼は、つぎつぎと同志たちに助けられて、吹雪の夜の国境山岳地帯を越えてチェコスロヴァキアにはいったのである。プラハには、ひと月はやくヴィーラント・ヘルツフェルデが、おなじような冒険を経て到着していた。『万国労働者画報』は、プラハでひきつづいて発行され、ハートフィールドは、翌年、ドイツの国籍を剝奪された。国籍を剝奪しておきながら身柄のひき渡しを要求するというのは、わけがわからないが、一九三八年に、ナチスはチェコスロヴァキア政府に対してそれを要求して、拒否されたのである。しかし、まもなくナチスの侵入によって、ハートフィールドもヘルツフェルデも、ロンドンへ亡命せざるをえなくなり、ここでヘルツフェルデだけがアメリカに渡る。(イギリス滞在が拒否されたためだという。)ハートフィールドは、イギリスで、三ヵ所の敵国人収容所を転々としたのち、一九四三年からイギリスの出版社に協力し(たとえば、ユルゲン・クチンスキーの『三百万の奴隷と農奴』一九四二年)、一九五〇年に帰国した。ヘルツフェルデも前年に帰国して、その途中、サウサンプトン港で、兄弟は一〇年ぶりに再会した。

帰国後のハートフィールドは、ドイツ民主共和国の出版社のためにいくつかの仕事をし(たとえば、ブレヒトの『一〇〇詩選集』一九五〇年、ベッヒャーの『新詩集』一九五一年、アウフバウ)、一九五六年には、ベルリン芸術アカデミー会員となり、翌年には文学芸術国民賞を授与された。展覧会も世界各地で開かれ、彼自身もその準備のためにイギリスにでかけたこともあるが、一九六八年にベルリンで病死した。ベルリン芸術アカデミーには、彼のアルヒーフが設置され、夫人ガートルートが管理することになった。

3

マリク書店の後継者はアウフバウ書店であり、ハートフィールドもヘルツフェルデもそれに協力した。雑誌『アウフバウ』一九五七年九号には、編集長ボード・ウーゼが、「ジョン・ハートフィールドと彼のフォトモンタージュ」という論文を書いている。ところが、周知のとおり、ルカーチの著書も、ハンガリー事件までは、ほとんどアウフバウから出版されたのだから、両者の関係は戦後もつづいていたわけである。ただし、戦後のルカーチの著書を、ハートフィールドが装幀した形跡は見当らない。ルカーチの著書のオーソドクスな装幀は、おそらくその内容にもよるのだろうが、はじめに述べたような微妙なくい違いは、つづいていたのかもしれない。そういうくい違いをふくんだまま、一九五六年後半に、ルカーチは一九五六年のハンガリー事件に、アウフバウはハーリヒ事件（ベルリン大学哲学教授ハーリヒの反政府陰謀事件）にまきこまれて、ともに影響力を失うのである。

日本では、ハートフィールドは、グロスほどには知られていない。ぼくの知るかぎり、『社会評論』第二巻第四号（一九七六年）に、ハートフィールド特集があるだけであるが、銃剣につらぬかれた白鳩の反戦ポスターをみた記憶がある人は、ハートフィールドの代表的作品のひとつを知っているのである。**

* Deutsche Akademie der Künste zu Berlin, *Der Malik-Verlag 1916-1947. Ausstellungskatalog*, [Berlin 1967].

** John Heartfield, *Krieg im Frieden. Fotomontagen zur Zeit 1930-1938*, 2. Aufl., München 1973.

亡命知識人とスイス

1

ナチスは、知識人の大量亡命をひき起こしたという点でも、特異な性格をもっていた。知識人としても、知識人だから、いわばパンだけでは生きていけないから亡命しなければならなかった、という事情と、知識人だから、すなわち国境に拘束されることが相対的にすくない知的商品の生産者だから亡命できた、という事情があった。そして、ほかならぬこの知的商品こそ、独裁をささえる国民精神総動員のための手段として——欺瞞の手段として——権力が必要としたものであったから、知識人は態度の決定を迫られたのである。

もちろん、知的商品とはいっても、他の商品のように規格化されているわけではなく、かなりの個別性、弾力性、多義性をふくむものであったから、それを利用して亡命を避けることもできたが、そのばあいには、そのことが節を屈したことを意味するのか、あるいは（亡命できない）民衆とともに苦しみ、ともに闘ったことを意味するのか、という問題が生じた。音楽におけるフルトヴェングラー問題がその一例である。国内にとどまることが、いずれにしても一定の屈折を必然的に意味したのと同様に、亡命者のほうも、それはそれなりに亡命地の条件に適応せざるをえなかったし、適応不能あるいは不十分による悲喜劇が生じた。アメリカにおける哲学者アドルノに、その例をみることができるし、イギリスにおける経済学者ハイエクも、ある意味（イギリス型社会主義への適応不能）ではそうであった。

結局、亡命ドイツ知識人をもっとも多く受けいれ、そのことによってもっとも多くの利益をえたのはアメリカであり、社会科学だけにかぎってみても、セリグマンの『社会科学百科辞典』や、ニューヨークの「社会研究新学院」のような成果があげられる。しかし、亡命者にとっての最初の亡命地は、もちろんドイツ周辺の諸国であったことが多く、とくにスイスは、隣接しているだけでなく、国際連盟がある永久中立国として、重要な意味をもっていた。フランクフルトの社会研究所がアメリカに亡命する過程で足がかりになったのは、一九三一年に設立された、この研究所のジュネーヴ事務所であって、事務所設立を勧告したのは、国際労働機構（ＩＬＯ）の事務局長アルベール・トーマであった。

2

一九三三年一月にヒトラーが首相になり、二月には国会放火事件が起こった。ラウラ・フエルミは、この事件を「ナチスの迫害開始の信号」とよんでいるが、四月には「非ドイツ的精神に対する一二のテーゼ」が出され、五月には焚書が行なわれた。フランクフルトの研究所も三月に閉鎖され、所長ホルクハイマーは、四月に大学教授の地位をうばわれた。ナチス政権の最初の二年間に追放された学者は、一二〇〇人を越えるといわれる。

亡命ドイツ知識人は、スイスに、「在外ドイツ科学者緊急救援組織《ノート・ゲマインシャフト》」を設立し、イギリスやフランス——およびオランダ、ベルギー、デンマーク、スウェーデン——には、うけいれ側の諸組織ができた。しかし、フランスでは、大学がすべて国立であったこともあって、亡命学者のうけいれは困難であり、海を越えたイギリスのほうが、救援活動は効果的であった。また、侵略の手がのびるにつれて、イギリスとスイスをのぞいた諸国の組織は、それ自体が解体か亡命をしいられたのである。

ロンドン大学政治経済学部（ＬＳＥ）の学部長であったウィリアム・ビヴァリジは、ライオネル・ロビンズとともに、一九三三年四月に——おそらくイースターの休暇で——ヴィーンに滞在していたとき、カフェで読んだ新聞記事から亡命学者に対する救援活動の必要を痛感し、ジョージ・トレヴェリアンとはかって、「大学救援会議」（一九三七年に、学術保護協会と改称）を組織した。この創立メンバーのなかには、ケインズもふくまれている。

「イギリス個人主義の自然発生的な成果」とビヴァリジがよぶこの救援組織は、そういうものとして注目すべき成果をあげたのだが、それについては別の機会にゆずらなければならない。もっとも、自発的といっても、ヴィーンでビヴァリジを触発したのは、一枚の夕刊紙のほかに、亡命ハンガリー人物理学者レオ・シラードであり、前述のドイツ人自助組織であるノート・ゲマインシャフトも、やはり亡命ハンガリー人であるフィリップ・シュヴァルツの主唱でつくられたのであった。

スイスでは、国際連盟のなかに亡命者救援の動きがあったけれども、連盟自体の公式な活動にはならなかったし、それはまた連盟の弱体化をあらわすものであった。ジュネーヴにつくられた「亡命知識人再配置国際委員会」は、書記長マリー・ジャンベールの名をとって、ジャンベール委員会とよばれたが、この活動的な女性は、国際連盟図書館のスタッフであって、職務上の参加ではなかった。この委員会は、諸国から寄せられた資金で活動し、そのなかには、リュクサンブール大公国がこの目的のために発行した、一連の特別切手の売上げがふくまれていた。

ジャンベール委員会は、初年度だけで三〇〇〇人の亡命知識人をひきうけた。しかし、ここでいう知識人のなかには、大学教師はふくまれなかったので、後者については別の配慮が必要であった。それをひきうけたのは、ジャンベール委員会の会長であるウィリアム・ラッパールで、彼はむしろジュネーヴ大学大学院国際研究所の所長として、この研究所に亡命学者をうけいれたのであった。研究所は、事実上、亡命者学部にちかいものとなった。

このとき、副所長としてラッパールを助けたのが、『産業革命』の著者として有名なフランスのポール・マントゥーであった。ここに身をよせた亡命学者のなかには、ドイツからハンス・ヴェーベルク（法学）、オーストリアからハンス・ケルゼン（法学）、イタリアからフエルレロ（歴史学）などがいた。*

3

ウィリアム・ラッパール（一八八三—一九五七年）は、スイス人ではあるが、生まれはニューヨークで、一五歳まではそこで育った。ジュネーヴ、ベルリン、ミュンヘン、ヴィーン、パリ、ハーヴァードの諸大学で学んだラッパールが、どこで、だれから、なにをえたかを推定することは困難だとはいえ、とくにベルリンとミュンヘンでのブレンターノと、ヴィーンでのフィリポヴィチ、ボエーム＝バヴェルクなどが、彼にとって一定の意味をもったようである。一九一〇年に、ジュネーヴ大学社会科学部で、ウージェーヌ・ドゥ・ジラールのもとで経済史の教授代理となってから死にいたるまで、学者としてのラッパールは、経済史を専門としたということができる。一九一〇年十一月三日の開講の辞は、フィリポヴィチの「国民経済的生産性の本質とその測定可能性について」（一九〇九年、社会政策学会総会報告）から始められた。彼は、ゾンバルトとヴェーバーの登場を、もちろん見逃がしていない。シュモラーとヴェーバーの論争は、このフィリポヴィチ報告とおなじく、一九〇九年の社会政策学会大会で行なわれたのである。

国際労働機構、国際連盟、赤十字国際委員会などに参加するとともに、スイスのなかでの政治参加（州議会、連邦議会）もあったから、彼の関心、したがって著作活動も、かなり多様であった。三四〇点にのぼる著作のなかには（といっても、手もとにあるのは、一九五三年までの三〇四点のリストである）、『ジュネーヴからみた国際関係』（ニューヘイヴン、一九二五年）のような国際問題にかんするもの、『スイスの国家構造の発展における個人と国家』（チューリヒ、一九三六年）や『ジュネーヴにおける近代民主主義の成立（一八一四—四七年）』（ジュネーヴ、一九四二年）のような、スイス民主主義にかんするものが、かなりふくまれている。

ウィリアム・ラッパール

しかし、スイス関係の二著からもわかるように、政治史・経済史的な関心は明らかであって、それは、学位論文『マサチューセッツの商事会社』（パリ、一九〇八年）、『スイスにおける産業革命と労働保護立法の起源』（ベルン、一九一四年）などにはじまり、シスモンディやシエルビュリエのような、ジュネーヴ出身経済学者についての研究（主として雑誌論文）をまじえて、終生かわることがなかった。ポール・マントゥーとの交友も、きわめて当然、という感じである。

4

ラッパールとマントゥーの協力の最大の成果は、まえにも述べたようにジュネーヴ大学大学院国際研究所（Institut Universitaire de Hautes Études Internationales）であって、これは、一九二八年に、ロックフェラー財団、ジュネーヴ市、スイス連邦の援助を得て設立された。ラッパールは、創立のときから一九五五年に七二歳で退くまで所長の地位にあり、後任はジャック・フレモンであった。

この研究所の活動ときり離すことができないのが、「ジュネーヴ国際集会」である。それは、第二次大戦が終わった翌年（一九四六年）の九月二日から十四日まで、ジュネーヴ大学の講堂と宗教改革ホールで開催されたのが最初で、このときは、フランスの合理主義者ジュリアン・バンダが、冒頭報告をうけもち、イギリスから詩人スペンダー、ドイツから哲学者ヤスパース、ハンガリーからマルクス主義者ルカーチなどが参加した。われわれが、ルカーチがまだ生きていることを知ったのは、この集会についての『朝日新聞』の小さな記事によってであった。テーマは「ヨーロッパ精神」であり、なぜそれが選ばれたかについては、説明するまでもないだろう。

ラッパールが、直接に「ジュネーヴ集会」に関与したかどうかははっきりしないが、「新世界とヨーロッパ」をテーマにした一九五四年には、リュシアン・フェヴルやジョージ・ボアズとともに、報告者として参加した。「集会」の事務局は、研究所内におかれていた。（すくなくとも一九六〇年代の一時期にはそうであり、ラッパールの後任者フレモンが事務局長であった。）ついでにいえば、この集会には、スイス・ロマンド・シンフォニーの指揮者として有名なエルネスト・アンセルメが、しばしば参加していて、第一回には、最終日の議長をつとめ、第三回の「現代芸術についての討論」では、報告者のひとりであった。

以上のように、ラッパールの仕事をみてくると、亡命知識人の救援は、彼にとってけっして偶然でも非本質的でもなかったはずであるが、ふしぎなことに、彼の小伝（Albert Picot, *Portrait de William Rappard*, Genève 1963）にも、六〇歳記念の選集（W. E. Rappard, *Varia politica*, Zürich 1953）にも、まったくその痕跡がないのである。ラッパールの名は、ほかにも、『詩人は救援する』（チューリヒ、一九三六年）の序文の執筆者として、また、国際ペン・クラブが一九三八年プラハ大会で決議したトーマス・マン基金（ドイツ亡命民主主義作家救援のため）の呼びかけ人としてのこっている。なぜ、いわば公認の文書のほうにはないのであろうか。冷戦が影を落としているのかもしれない。

* Norman Bentwich, *The rescue and achievement of refugee scholars. The story of displaced scholars and scientists*, The Hague 1953.

左翼読書クラブ

1

一〇年ぐらいまえだったと思うが、日本にも読書クラブの時代がくるといわれたことがあった。一般的な読者組織としては、それは実を結ばなかったようであり、出版社も読者も、増大する一方の出版物の洪水のなかで、もがきつづけ、ときには溺死している。たんに出版物の販売量を確認し確保するだけなら予約出版という制度があるけれども、それは原則として、単一の出版物だけについての読者組織であって、読書クラブのような継続性をもたない。読書クラブは、一方では、一定の種類または傾向の出版物について、継続的な市場を保証し、他方では、読者がその枠さえ承認するならば、自分で大量の出版物のなかから選択する苦労を免除するのである。

読書は、高度に個人的なものであって、他人の選択に依存することはできない、という原則はたしかに正しいが、図書館の選書のように選択の枠がかなりひろいばあい、あるいは逆に、特定部門の専門書の収集のように枠が明確に限定されるばあいには、他人の選択をかなりの程度利用できるだろう。国際的には、大学図書館でさえ、書店（小売店）のブランケット・サーヴィスに依存しているところがあるほどである。（これは、本を買うと毛布をおまけにくれるわけではなくて、包括選書サーヴィスのことである。）一般読者にとって、他人の選択に依存することに多少の問題があるにしても、それによって販売量が確保されるならば、価格の引下げが可能になるというプラスは、無視できない。

選択の基準は、もちろん政治的なものでもありうるから、そのばあいには読書クラブは、一定の政治的・社会的な思想を、出版社には経営的安全を保証し、読者にはやすい値段を保証しながら、普及させる機関となる。現実を越えるものとしての思想と、その媒体としての出版物の価格にたいする関心は、支配者よりも被支配者のほうが大きいから、左翼読書クラブというものがつくられ、それが成功したとしても、それほど驚くにはあたらないかもしれない。しかし、一九三九年の絶頂期に登録会員五万七〇〇〇というイギリスのレフト・ブック・クラブ（LBC）の成功は、やはり驚異的であった。左翼がいまでもなお、思想における正統性という、宗教改革＝宗教戦争期の観念をまもりつづけていることからすれば、この幅のひろさはさらに驚異的であり、これを「イギリス人民戦線」*とよんでも的はずれではあるまい。

一九三五年にロンドンのワーカーズ・ブックショップ（共産党系）が、ジョン・ストレーチーに左翼出版物の選定委員会への参加を求めたことが、LBCの前史の始まりであるが、そのときの計画は、さまざまな出版社の左翼出版物のなかから、会員のために選択することであった。ところが、この計画にもとづいた呼びかけに対して回答した出版社は、ほとんどゴランツ社だけだったので、計画は立ち消えになってしまった。あるいは、ゴランツが待ちきれないで、単独で見切り発車をしたというべきであろうか。

翌年のはじめに、労働党のスタフォード・クリプスが、ソホーのレストランにストレーチーやヴィクター・ゴランツを招いて、社会主義週刊紙『トリビューン』の創刊について相談したとき、帰りがけにゴランツがストレーチーに言った――つぎにやるべきことは、ある種の左翼読書クラブだと思いますが、あなたは図書選定で援助してくれますか。ストレーチーは承諾し、ふたりは、ハロルド・ラスキを加えるべきだということでも意見が一致した。ゴランツは、翌朝、文字どおり朝飯まえにラスキに電話して、その承諾をえたのである。＊＊

2

ゴランツは、一九二八年に独立の出版社をつくり、製作と販売における革命によって成功をおさめた。すぐれたタイポグラファー、スタンリ・モリスンを重役陣のなかにもっていたためもあって、ゴランツは、一方で、広告を本の広告らしく、かつ目立つような大きさとレイアウトにし、他方で、活字——絵ではなく——を主としたブック・ジャケットを、はじめて作りだした。いまでもゴランツの本にしばしばみられる、はでな黄色のジャケットは、そのとき以来のものである。広告を目立つようにしたのがなんで革命なのか、といわれるかもしれないが、それまでの本の広告は、新聞の紙面の片すみに遠慮ぶかく、ふつうの一段ものの記事のように、しかも、しばしば「女性用下着のはずかしそうな絵と隣あわせに」横たわっていたのだ。

宣伝の成功が部数を伸ばし、したがって定価の引下げを可能にし、ゴランツ社の基礎はかたまった。もともとゴランツは、レプトン・パブリック・スクールの教師をしていたときに、政治教育に熱をいれすぎて、校長のフィッシャー博士（のちのカンタベリ大司教）に首を切られたほどであったから、出版による民衆の政治教育は、当初からの目的のなかにふくまれていた。初期のゴランツ社のベスト・セラーズのなかには、オムニバス・ブックとしてG・D・H・コールの『混沌の世界のなかでの知識人のガイド』（一九三二年）があり、これは数年で二六版という驚異的売れゆきで、業界では「コールの混沌」として有名であった。（オムニバス・ブックというのは、活字をつめて組んだ廉価本のことで、かならずしも編集ものではない。）『ヒトラー・テロのブラウン・ブック』（一九三三年）は、明らかに共産党系の「ドイツ・ファシズム犠牲者のための世界委員会」の企画を、ゴランツがひきうけて出版したもので、これもまたよく売れた。（ブラウン・ブックは、白書や青書にならえば茶書となるが、茶道書とまちがえられては困る。）

だから、ゴランツ社が、一九三五年にドイツとの取引きを停止し、ついで日本へも、中国侵略を理由に同様の態度をとったことは驚くべきことではなかったし、LBCは、こういう方針の延長線上に出現したのである。日本との取引停止は、日本の図書輸入業者を困惑させたらしく、この業者――名前はわからないが、大体の見当はつく――から、電報につづいてきた手紙によれば、「あなたの手紙は……正気で書いたものとは思われない。……あなたが、でっちあげの物語（日本人の中国における残虐行為）に激昂している……のはたいへん遺憾である。……書籍商の立場としては、つぎのことわざを念頭におきながら、日中関係をよく吟味されるならば、ありがたいと思う。『本を表紙によって判断することはできない。』」

この手紙の日付けはわからないが、LBCの発足前後とみて間違いはないだろう。したがって、ゴランツの方針と日本政府の検閲とが、逆の方向から一致したことになり、LBCの出版物は、戦前の日本には、あまりはいってこなかった。しかし、皆無だったわけではなく、オレンジ色の麻表紙、またはピンク色の厚紙表紙のこの双書は、ときどき当時の日本でも見かけたように思う。たとえば、久野収が、「私の身近にはイギリスの左翼ブッククラブの書物が百数十冊積み重ねられているが、その中にはオーウェルの著作は、一冊もない」と書いているばあい、百数十冊のすべてではなくても大部分は、そのころ国内で集めたものと考えていいだろう。ただし、オーウェルの作品のLBC版は、久野の蔵書のなかにないだけで、『ウィガン波止場への道』はLBCのなかにははいっていた。

3

フランス人民戦線やスペイン内乱というような国際情勢と、それらへのイギリス人の関心のたかまりにも助けられて、LBCは創始者たちの予想を越えた成功をおさめた。最初の一年で会員は四万に達し、一九三九年四月にはピークの五万七〇〇〇を記録した。労働者が共同でひとつの会員権をもったり、仲間に回覧したりしたことを考慮すれば、読者は二五万と推定される。年間に五万部売れる本がわずかしかなかった時代に、毎月五万部の保証つきというのは、たいへんなことであった。とうぜん、LBCをまねて、右翼、保守、自由、平和、宗教、カソリック等々の読書クラブが続出し、漫画家ロウは、それを「読書クラブ戦争」として描いた。国際的には、ドイツのグーテンベルク図書組合、アメリカの今月の図書クラブなどのほうがLBCより早いが、LBCは、政治的にも経営的にも、内外同種団体の群を抜いていた。

それは、毎月数冊のLBC版図書を発行するだけでなく、『レフト・ブック・ニューズ』(のちに『レフト・ニューズ』)を発行し、地域的あるいは職業別の討論グループを組織し、スペイン向け救援衣料のための「編物集会」をふくむ、さまざまな事業を行なった。事業のなかでいちばん成功したのは、ナショナル・シアター・ギルドだといわれている。LBCの熱心な会員の一日は、つぎのようであったかもしれない。「朝、目がさめると、玄関にはLBCのその月の本がきている。LBCのロシア語講習会に出席し、その土地のLBC旅行部に行ってソヴェート旅行を申しこみ、午前中の残りの時間は、広場でLBC出版物を売ってから、LBC昼食会にでて、それからLBCセンターでピンポンと左翼雑誌をたのしみ、夕がたには、LBC討論会にでたのち、地方のLBCシアター・ギルドの一幕劇をみて、帰宅の途中でどこかの壁にチョークでスローガンを書き、レフト・ニューズを読んでから、LBCはたんなる読書クラブであるよりも、ひとつの生活様式であることを確認して眠りにつく。」

LOW'S TOPICAL BUDGET
BOOK CLUB WAR
A fierce battle is now taking place on the Reading front, the Blimp Book Club advancing strongly against the Left. Heavy casualties are reported including 29 unconscious and General Gollancz's spectacles blown up.
ロウの漫画「読書クラブ戦争」

ゴランツもラスキもストレーチーも、マルクス主義および共産党への共感ないし支持を隠そうとしなかったし、イギリス共産党もLBCを支持し、後援した(労働党は拒否)。共産党系の出版社ローレンス・ウィシャートは、LBC会員向けに自社出版物——もちろんマルクス、エンゲルス、レーニン、スターリンの著作をふくむ――の割引販売を行なった。

だが、それほど共産党寄りであっただけに、ドイツ・ソヴェート不可侵条約（一九三九年八月）と翌月の開戦が、LBCにあたえた打撃は深刻であった。LBCが十月と十一月に出した、レナード・ウルフの『門前の野蛮人』とヒューレット・ジョンスンの『世界の六分の一のソヴェート』は、前者がソヴェートをふくめて全体主義を批判したのにたいして、後者は無条件的なソヴェート賛美であり、会員からそれぞれについて抗議が殺到した。ゴランツ、ラスキ、ストレーチーの見解にも、くい違いがでてきた。

LBCは、フェイビアン協会にとって代わる前衛をつくりだしただけでなく、完全雇用、医療社会化、都市計画、社会的平等などの概念を普及させることによって、戦後イギリス社会の再編にも貢献したといわれるが、組織としては、一九三九年以来下降線をたどり、一九四八年にそれが解散したときの会員数は、七〇〇〇であった。

＊ 富岡次郎『イギリス社会主義運動と知識人』三一書房、一九八〇年、二四七―二八一ページ。これが日本における唯一のLBC研究であるが、政治運動としての評価しかなく、また原資料によったものではない。

＊＊ John Lewis, *The Left Book Club. An historical record*, London 1970, p. 15.

一九三〇年代の墓標

1

フランツ・ボルケナウの『封建的世界像から市民的世界像への移行』（邦訳、みすず書房）は、いまでこそヨーロッパ近代思想成立史研究の古典として、ゆるがない地位をもち、復刻版も、おそらく二回目のものが出ているが、出版当時の事情を考えればわかるように、はじめから脚光をあびて登場したというわけではなかった。「フランクフルト大学社会研究所」の双書の第四巻として、一九三四年にパリで出版されたこの本は、著者の序文が一九三二年九月にヴィーンで書かれ、編集ホルクハイマーの序文が三三年九月にジュネーヴで書かれている、ということからもわかるように、ヒトラー内閣成立（一九三三年一月）前後の、歴史的激動の波間に、かろうじて浮かび出ることができたものであった。

ボルケナウは、ヴィットフォーゲルやグロスマンなどとともに、社会研究所左派を形成していて、直接にそのためかどうかはわからないが、亡命中は主流派と行動をともにしなかった。* というよりも、彼だけが、フランクフルト学派のなかで例外的に、亡命地としてイギリスを択んだのである。前記の大著のあとの彼の関心は、情勢の緊迫を反映したのか、あるいはロンドン大学成人教育部で国際政治を教える必要からか、現代に向けられた。『社会科学社会政策雑誌』に「ファシズムの社会学」（一九三三年）が、『社会経済史年報』に「ファシズムとサンディカリズム」（一九三四年）、「ヨーロッパ社会主義諸政党の危機」（一九三五年）が出たあとは、『パレート』（一九三六年）、『スペインの戦場』（一九三七年）、『オーストリアとその後』（一九三八年）、『コミンテルン』（一九三八年）、『新ドイツ帝国』（一九三九年）、『国民社会主義と国際社会主義』（一九四二年）が、すべてロンドンで出版されるのである。

こうした戦時中の出版活動のさいごに、ひとつだけまた近代初期の思想史にかえって、「ルター主義について」という論文が、雑誌『ホライズン』の一九四四年九月号の巻頭にあらわれる。反撃に転じたソヴェート軍がドイツ国境を越えるころ（十月）であるから、亡命者ボルケナウの心情にも、多少の余裕がでてきたということであろうか。しかしもちろんこの論文も、つよい現代的関心のもとに書かれたものであって、ルター主義がドイツ国民性を規定したと考えるからこそ、それをとりあげているのである。

ボルケナウはこの論文で、ルター主義の支配が確立されたのが、エルベ以東のドイツであり、そこでは、西ヨーロッパで宗教改革がうみだした革命——ドイツ農民戦争をひとつの頂点とする――が、まったく起こらなかったことを指摘し、他方では、旧教・正教の世界でも、東ヨーロッパのギリシャ正教が修道院エリート主義をもつのに対して、ローマ旧教がそれをもたないという違いがあり、カルヴァン派は、世俗の信徒を重視する点で、むしろローマ旧教を継承するものだという。また、彼によれば、ギリシャ正教とルター主義には、エリ

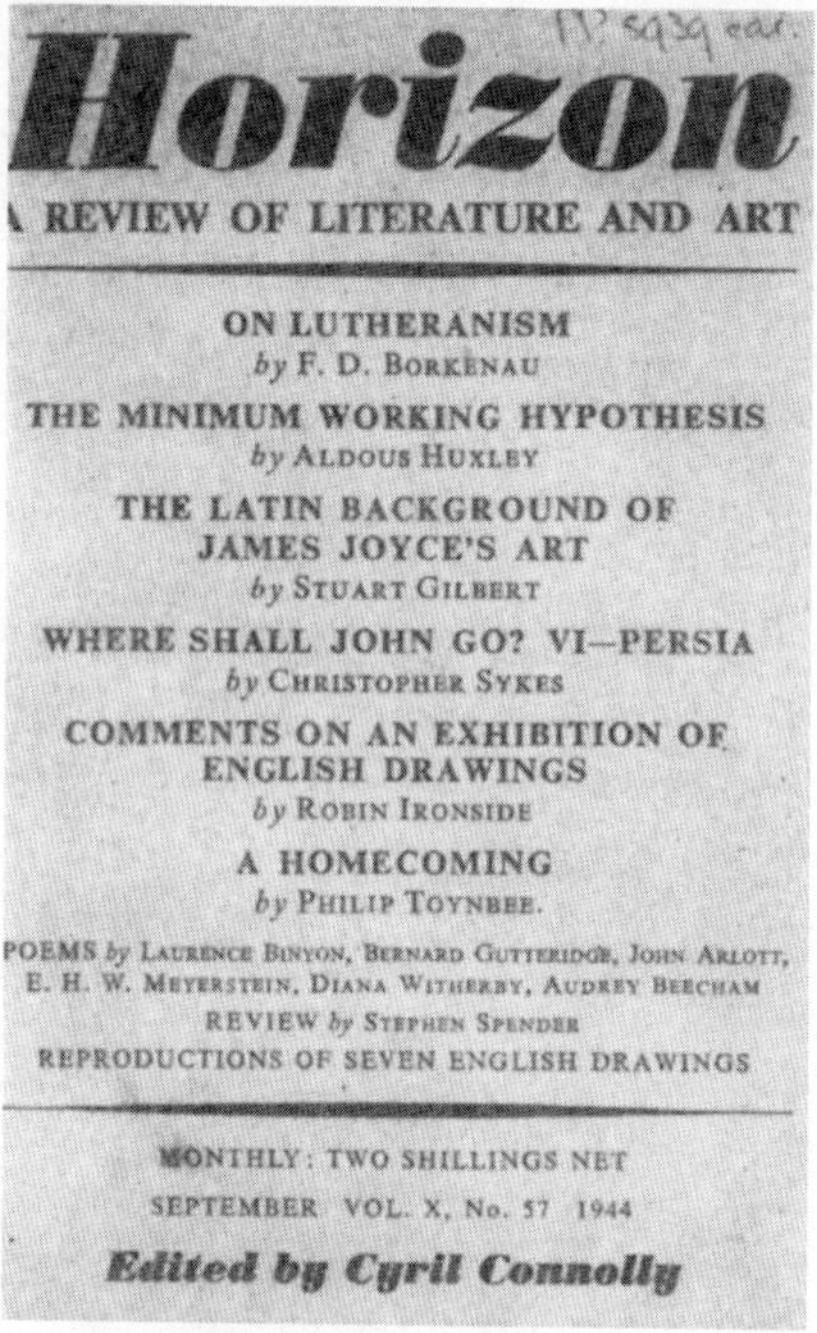
Horizon
A REVIEW OF LITERATURE AND ART

ON LUTHERANISM
by F. D. BORKENAU
THE MINIMUM WORKING HYPOTHESIS
by ALDOUS HUXLEY
THE LATIN BACKGROUND OF JAMES JOYCE'S ART
by STUART GILBERT
WHERE SHALL JOHN GO? VI—PERSIA
by CHRISTOPHER SYKES
COMMENTS ON AN EXHIBITION OF ENGLISH DRAWINGS
by ROBIN IRONSIDE
A HOMECOMING
by PHILIP TOYNBEE.
POEMS *by* LAURENCE BINYON, BERNARD GUTTERIDGE, JOHN ARLOTT, E. H. W. MEYERSTEIN, DIANA WITHERBY, AUDREY BEECHAM
REVIEW *by* STEPHEN SPENDER
REPRODUCTIONS OF SEVEN ENGLISH DRAWINGS

MONTHLY: TWO SHILLINGS NET
SEPTEMBER VOL. X, No. 57 1944
Edited by Cyril Connolly

ボルケナウの論文が載った『ホライズン』の表紙

ート主義をふくめておおくの共通点があり、とくに重要なのは、ルターにおける罪の観念が、逆転して一切の道徳の否定にいたり、ギリシャ正教の最大の罪人に最大の恩寵があたえられるという教義と一致してしまうことであって、それがドストイエフスキーの影響を、ドイツであのようにおおきいものにしたのである。

戦後における東西の対立を予測していたかのように、ボルケナウは、ルター主義を、エルベ以東の地主貴族《ユンカー》支配の宗教と規定して、ギリシャ正教に依拠するスターリン独裁にむすびつける。これは、スターリン主義の批判であるだけでなく、ドイツ精神の自己批判または自己分裂であった。ルター主義へのこの種の批判は、前例がないわけではないが、この時期に、この人によって表明されたことは、一定の意味をもっている。

2

このような論文を掲載した『ホライズン』とは、どういう雑誌なのだろうか。それは、一九四〇年一月から四九年十二月まで、シリル・コノリーの編集によってイギリスで発行された、「文学芸術評論誌」(副題)であり、カフカ、ジッド、オーウェル、スペンダーなども寄稿している。ボルケナウは、「ルター主義」のほかにも、「ファシズムの哲学者たち——ソレル、パレート、シュペングラー」という論文と、書評一篇を書いているから、この雑誌に一定の関心と関係をもっていたと考えていいであろう。

創刊号のつぎのようなことばが、まずこの雑誌の出発点をものがたる。「われわれが生きているこの瞬間は、古風で保守的で無責任である。なぜなら、戦争が生活から文化をひきはなし、……左翼政治活動があたえた衝迫が、さしあたり涸渇しているからであり、そして、いかにわれわれが、革命的な意見または独創的な技術をもった作品をのぞむとしても、判断と創造活動の一定の停止があるときには、それは不可能なのである。……いま、文明は手術台上にあり、われわれは待合室にいる。というのは、この戦争は、スペイン紛争を、われわれのあのように多くのものにとって身近なものと感じさせた、ふたつの大きな感情〈同情と希望〉をともなわない戦争なのである。」

ここには、三〇年代左派の失望を読みとることができる。三〇年代文学運動の指導者であったオーデンとイシャウッドが、カリフォーニアに移住したことは、この雑誌によれば、「スペイン戦争の開始以来、もっとも重大な文学的事件」であり、彼らは、ヨーロッパ民主主義という難破船と、そこで支配する社会的リアリズムを捨てたのであった。残されたものの仕事は、三〇年代の諸理想の崩壊を承認することだ、とコノリーは考えた。そこでまず、芸術のための芸術が登場する。「芸術としての著作は、それがモーツァルトにかんするものであろうと、オーストリアの運命にかんするものであろうと、あるいは蜂の習性にかんするものであろうと、読者のなかに、ふかい、満足した、感動をあたえるのだ。」

その年の四月には、デンマークとノルウェーがドイツ軍に占領されたのに、コノリーは五月号でなお、この戦争が芸術となんの関係もないことと、真理がどこにみちびこうともそれを追求するという、知識人の徳性を失ってはならないことを主張している。これにたいして、リースが、「兵士からの手紙」ではげしい批判をあびせ、戦況もフランス降伏（六月）、ロンドン爆撃（九月）へと悪化していったので、年末にはコノリーも、戦争の遂行と自由の防衛を支持することを表明した。それでもなお彼は、この雑誌が兵士となった作家の体験を無視しているという、リースの批判にたいしては、彼らは雑誌が注目するほどのことをなにもしていないし、書いていないと応え、『ホライズン』が「市民的諸価値のオアシス」としてとどまる、という態度を変えなかった。

したがって、ロンドン爆撃についてもコノリーは、ベイズウォーター、ケンジントン、レスタ・スクエアの建物は、惜しむにあたいしないと述べ、ただチェルシーのすぐれた十八世紀の建物を破壊されたことだけを強調する。「それは、教養ある大ブルジョアジーの、最後の拠点のひとつであり、そこにおいて余暇が、いかに不当に取得されたものであれ、ほとんど最高の快適さをもって利用されたのであった。」この態度は、戦局の緊迫によっても、せいぜい、「戦争が終わるまで芸術についてはモラトリアム」を提案するようになるにすぎない。あるいはまた、「ホライズンは文芸誌であり、〔国難にかんしての〕われわれの役割は、船が岩礁から岩礁へとまごまごしているときの船上の楽団のように、われわれの楽器を、すこしばかり音をおおきく、すこしばかり上手に演奏することである。」並行して出ていたレーマンの『ニュウ・ライティング』にくらべて『ホライズン』は、戦争に言及することがはるかに少なかった。

3

一九四四年二月号で、五年間の戦争が「われわれを疲れさせ、あたらしい思想の出現にたいしてシニカルに、無感覚に……してしまった」と嘆いたコノリーも、年末には、平和の接近を感じて希望をとりもどしたが、その希望はまず、フランスへの期待、ふたたびフランスへ旅行することへの期待として表現された。「パリでは、市民的諸徳性が勝利している。」そして翌年五月には、サルトルやヴァレリーの寄稿をえて、『ホライズン』のフランス特集号が発行されたのである。

しかし、戦後の現実はきびしく、コノリーは、「ヨーロッパ文明の大天幕は落ちてしまった」と認めざるをえなかった。彼は、特急ゴールデン・アロウの新設コクテル・バーに、「戦前」の復活をみて、わずかな安らぎを感じるという始末であった。のぞみはアメリカであり、ヨーロッパとアメリカとの関係は、ギリシャ文明の衰退に代わって、ローマがアウグストゥスやウェルギリウスをうみだしたのと同様である、と思われた。それだからまさに、ヨーロッパ文芸誌としての『ホライズン』の使命は、教養あるブルジョアジーの崩壊とともに終わったのであった。

ボルケナウが、なぜこの雑誌に書いたかということについては、いまとなっては推測以上のことはできない。コノリーには、フランスやアメリカへのあこがれはあっても、ドイツへの関心はなかったようだし、反ファシズム・イデオロギー闘争に、積極的に参加する意図もなかったようだから、ボルケナウの寄稿が、『ホライズン』の主流にならなかったことはいうまでもない。もともと、イギリス人にとっては、ドイツ思想のなかの弁証法もロマン的イロニーも、たんなる矛盾、あるいは反対物への安易な移行でしかなく、これに反してフランス思想のなかの直観的要素は、機智のひらめきに見えるらしいのであり、その意味では、ボルケナウの論文は、イギリス人のやれないことをやったわけだが、それはイギリス人にとって、やる気がなく、関心がないテーマであったかもしれない。

そういうずれがあるにもかかわらず、ボルケナウ論文は、『ホライズン』の枠のなかにおさまっている。コノリーのたびたびの言及からもわかるように、彼にとっても、スペイン戦争は、一九三〇年代の記念碑であった。亡命ドイツ人としてのボルケナウの最後の期待も、それにかけられていただろう。希望が崩れ去ったあと、人びとはそれぞれに、三〇年代の墓標をたてたのであった。

コノリーは一九四二年十二月号に、「弾圧されることは、すべての雑誌の、ふかい無意識のなかにある目標であり、そのひそかな死への願望である」と書いていた。「スペインで死んでいたら」という願望まで含めて、墓標はじつに多様であった。[**]

＊　ボルケナウの生涯については、つぎの彼の遺稿の、編集者ローヴェンタールの序文がもっともくわしいが、平板である。Franz Borkenau, *End and beginning. On the generations of cultures and the origins of the West.* Edited with an introduction by Richard Lowenthal, Columbia U. P. 1981.

＊＊　Ian Hamilton, *The little magazines. A study of six editors*, London 1976, pp. 125-146.

ウォーバーグ家の人びと

1

ドイツ、テューリンゲン州のヴァイマール文化は、研究所文化ともいわれ、代表するものとしては、ヴァールブルク研究所（ハンブルクのヴァールブルク文化史図書館）、バウハウス、フランクフルト社会研究所があげられる。それぞれにかなりの研究があり、ヴァールブルク家については、一七九八年にハンブルクに銀行を設立したユダヤ人金融業者が、一九三八年十一月九日の「クリスタルナハト」（全国的反ユダヤ人運動）によって事実上国外追放となるまでの経過（一九七〇年にハンブルクに再建）をたどることができるのである。*

しかし、ヴァールブルク家は、代々の銀行家という主流のほかに、美術史家アビイ（アブラハム）・ヴァールブルク（一八六六—一九二九年）を生んだだけではない。たとえば、傍系のオットー・ヴァールブルク（一八八三—一九七〇年）は、アビイとおなじように富の追求と異教徒——ユダヤ教徒からみて——への同化をともにしりぞけて、学問に没頭した。オットーは、一九三一年に医学部門でノーベル賞をうけ、ナチス時代も亡命しなかった。ドイツの敗戦とともに進駐してきたソヴェート兵にむかって、オットーは言った。「君たちは私が誰であるか知っているのかね。私は有名なノーベル賞受賞者、ベルリンのオットー・ヴァールブルク教授だ。」ソヴェート軍司令官ジューコフ元帥は、オットーにコーカサスの名馬二頭を贈った。

フレデリック・ウォーバーグ

オットーは、ヴァールブルク一門の尊敬の的であり、本家のエリックから多少の財政的援助をうけながら、自分はヴァールブルク家とは関係がないと宣言した。たしかに彼は、血筋からいってもかなり遠いようであるが、もうひとり、アビイの甥にフレデリック・ウォーバーグ（一八九七―一九七三年）というのがいて、イギリスに定着したヴァールブルク（イギリスではウォーバーグ）家のなかでも、変わりものの系列に属する。系列と言ったのは、彼の父ジョン・サイモン・ウォーバーグは、ウォーバーグ一門の系図のなかで例外的に「私人」として記され、じじつフレデリックによれば、一生を通じていかなる仕事に従事することをも拒否したために、家産を激減させたのであった。[**]

フレデリックは、ウェストミンスター・スクールからオクスフォード（クライスト・チャーチ）という、当時のイギリスの中産階級の上層としてオーソドクスの——一門のなかではオーソドクスではない——経路をとり、第一次世界大戦に少尉として従軍したのちに、どちらの意味でもオーソドクスとはいえない世界にのりだした。それは出版事業であり、彼自身はそれを「紳士の職業」とよんだ。***

2

復員してきたフレデリックは、家族と職業の選択について協議した。ハンブルクかニューヨークの本家に行って、銀行業の修業をすることをすすめるものもあったが、フレデリック自身は、自分のような哲学者にとって、それはふさわしくないと考えていた。ちょうどそのとき、ラウトリジ書店に勤めていた義兄が、出版業に見切りをつけて転職を決意し、後任にフレデリックを推薦することにした。彼はラウトリジの首席取締役スウォン・ウィリアム・ストーリブラス****に面会して徒弟として採用され、彼によって出版人としてきたえあげられるのである。フレデリックは、入社後まもないある土曜の朝、ストーリブラスを自宅に訪問したときを回想して、つぎのように書いている。「古典的教育とアリストテレス研究とによって、私は、すぐれた教育をうけた人間は、どんな問題に直面してもうまく処理できるものだ、と確信していた。私は、出版者としての自分の能力に疑いをもたなかったのである。ひとりよがりと知的傲慢さをもって彼のまえに現われた私は、自分がこの職業の巨匠と向かいあっているのだと悟った。このことを私が即座に認識し、正当な謙虚さをもって振舞うようになったことは、私としては自慢できる。」

編集者としてのフレデリックの最初の仕事は、持込み原稿のなかにあった『アフロディテのガードル』であった。それは、あとになって彼自身が「わいせつ」とよんだほどの内容のギリシャの詩の翻訳であり、ストーリブラスはそれを見て、「ウォーバーグ、君は私にショックを与える」と言ったが、おそらく彼のスタートを励ます意味で承諾し、売行きを伸ばすために、『ブロードウェイ翻訳双書』の出版を始めた。この双書はたしかに売れたけれども、ペトロニウスの『サテュリコン』や『カザノヴァ事件』『アラビアンナイト』となると、当時の事情では、裁判沙汰を恐れなければならなかった。

こうしてとにかくフレデリックが、ラウトリジの社内で認められ、取締役の末席に加わったとき、ふたつの大波がイギリスの出版業界を襲った。ひとつは一九二八年に創業したヴィクター・ゴランツの活発な出版活動であり、もうひとつは一九二九年の大恐慌によるアメリカ市場の落ち込みであった。ストーリブラスをはじめとするラウトリジ社の首脳は事の重大さに気がつかず、一九三一年にはストーリブラスが死んだ。あとをひきうけたフレデリックの方針転換案は、取締役会で否決され、彼は退社する。彼自身の回顧によれば、明確な——現代の文学作品をいれるという——方針転換を思いついたのは、「火山のように」ときどき噴火する、芸術家肌の妻に、ラウトリジ社も彼自身も退屈だと批判されたのが、直接の原因であった。

3

そのとき彼はすでに、ロンドンの出版業界ではひとかどの人物であったのに、彼が職を求めて訪問したどの出版社も、彼を雇おうとはしなかった。失望した彼を励まして、彼自身が出版社を設立するようにと助言したのも、妻であった。彼は、職を求めて歩きまわっているうちに、名門のマーティン・セッカー社が最近、破産して管財人の手に渡っていることを知っていた。セッカーは、トーマス・マンの『ブッデンブローク一家』、カフカの『城砦』およびロレンスの諸作品を出版して、出版社としての評価を確立したのだったが、経営的に成功したとはいえなかった。それをフレデリックが買い取って、セッカー＝ウォーバーグ社として再出発したのである。それは一九三六年の春で、ムソリーニはすでにエチオピア侵略を完成し、スペインには人民戦線内閣が成立していた。

七月にスペイン内乱が始まったことが、セッカー＝ウォーバーグの出版活動にひとつの方向をあたえた。フレデリックは、とりあえずエドワード・コンズの『今日のスペイン』を八月十七日に出版し、つづいてラウトリジ時代に知っていたジョン・ラングドン＝デイヴィーズに、『スペインのバリケードのうしろで』を書かせた。後者は、あたらしい出版社としてはまずまずの成功であったが、フレデリックは、利益のかなりの部分を宣伝に投下した。それは本を売るためというよりも、「自分が反フランコの隊列で戦うことができないのだから、すくなくともこの本を普及させるためにこの大金を使うことはできるのだ」という信念にもとづく行為であった。

『スペインのバリケードのうしろで』の成功は、フレデリックを右翼からの攻撃にさらした。彼自身はこの本を、「温和な保守主義者でさえ妥当なものとして受容できる」と考えていたのに、『オブザーヴァー』でさえ、この本の広告を拒否したのである。世評によれば、この本は共産党に奉仕するものであり、出版社は共産党系だというのであって、じっさいにフレデリックは、共産党と結びつけば経営上も有利だと忠告をうけた。ゴランツの左翼読書クラブは、セッカー＝ウォーバーグとほとんど同時にスタートして、好調だったのである。

フレデリックは、トロツキー追放、モスクワ裁判などに疑問をもっていたので、単純に共産党に同調する気になれず、独立労働党のH・N・ブレイルズフォード（『ニューステーツマン』の主筆）に相談した。「われわれはソヴェート連邦のやることのうちのかなりを、まったく承認できない。それは、若くて粗野な体制なのだし、すくなくとも現在では全体主義だ。しかしウォーバーグ君、あなたは間違いなく同意してくれると思うのだが、もしわれわれが、ナチと共産主義というふたつの全体主義体制のうちで選択をせまられるならば、共産主義をえらぶ他はないじゃないか。」このことがあって間もなく、フレデリックは、マクストンの独立労働党をうけいれ、これに協力することになる。「マクストンと彼の愉快な仲間たちは、骨の髄までイギリス的で、スターリニズムのヴィールスに対しては、訓練と経験によって完全に免疫されていた」とフレデリックは書いている。

その後のセッカー＝ウォーバーグの出版物には、オストロフスキーの『英雄の形成』、タルレの『ボナパルト』、フォックスの『これが彼らの青春だった』というような共産党系のもの、トリニダド出身のトロツキスト、C・L・R・ジェイムズの『世界革命』『黒人ジャコバン』などがあるが、イギリスの読書人に最大の衝撃をあたえたのは、アンドレ・ジッドの『ソヴェートからの帰還』英語訳とオーウェルの『カタロニア讃歌』であっただろう。ジードが、ソヴェートの日常生活に対する批判的な目を開かせたことは、いまさらいうまでもないが、オーウェルのばあいは、事情がやや複雑だった。というのは、彼はすでに『ウィガン波止場への道』（一九三七年）を左翼読書クラブで出版して、四万部以上の売行きという実績をもっていたからである。じつはこの『ウィガン波止場への道』の第二部が、ゴランツが序文で述べているように「きわめて挑戦的」であり、ふたりが別れた理由であった。

問題作を出版したことは、もちろん経営的な成功を意味しない。フリーダ・アトリーの『中国における日本の賭』、ケニヤ独立の闘士ジョモ・ケニヤッタの『ケニヤ山に向かって』、ルイス・マンフォードの『危機の文明』も同様であった。（ただしマンフォードは、ロンドン空襲後に売れはじめた。）

一九五一年にセッカー＝ウォーバーグ社は経営危機におちいり、ウィリアム・ハイネマン社の援助でかろうじて切り抜けることができたが、その後まもなく、別の危機がおとずれた。アメリカの小説『漁色家』（一九五三年）が、わいせつだとして起訴されたのである。それまでのイギリスの出版業者は、ヴィクトリア的道徳主義の名残りかもしれないが、この種の問題を起こすことを恐れ、できるだけ回避しようとしていた。ところがフレデリックは受けて立った。そして勝訴によって流れを変えた。それは、『チャタレー夫人の恋人』の勝利の前哨戦であった。

＊　E. Rosenbaum & A. J. Sherman, M. M. *Warburg & Co. 1798-1939. Merchant bankers of Hamburg*, New York 1979.

＊＊　David Farrer, *The Warburgs*, London 1975.

＊＊＊　Frederic Warburg, *An occupation for gentlemen*, London 1959.

＊＊＊＊　ストーリブラスは、旧姓ソネンシャイン（モラヴァからの移民）、古本屋から一八七八年にスウォン・ソネンシャイン社を創立して、多くの社会科学書を出版したが、一九〇二年にみずからそれを放棄して、ラウトリジに入社した。ソネンシャイン社は、一九一一年にアレン＝アンウィン社と合併した。

空襲下のコンサート

1

ナチスの宣伝相ゲッベルスはラジオで、イギリスには文化なんか存在しないと、くりかえし毒づいていた。それに対するBBCの回答のひとつが、「ヘスとゲーリングによる、ゲッベルスへのイギリスの回答」という放送であった。もちろんこれは、ルドルフ・ヘスとヘルマン・ゲーリングが、ヒトラーを裏切ったということではなく、ヘスは、イギリスの女性ピアニストのマイラ・ヘスであり、ゲーリングはスペルもちょっと違って、メアリアス・ゴーリングという俳優であった。ヘンデルがハンデルになるのだから、イギリス人にとっては、ウムラウトはあってもなくてもいいのだろう。

一九三九年九月三日に、イギリスとフランスがドイツに宣戦布告して大戦が始まったとき、マイラ・ヘスは四八歳で、北アメリカ演奏旅行もすでに一五回をかぞえ、彼女のピアニストとしての名声は確立されていた。開戦の翌々日の手紙で彼女は、自分を「おばさん」とよんでいた、グリラー四重奏団のメンバーたちにあてて、つぎのように書いた。「あなた方は、イギリスにおけるきわめて重要な『機関』です。そして、当面あなた方は、その仕事を継続することを許されるべきだと思います。ひとつの四重奏団が……かけがえのないものであるという事実を、当局が認めることができるかどうかは、これからわかることですが、いずれにしても、あなた方がじっさいに召集されるまで、なにも特別の処置〔活動停止など〕がなされるべきではありません。人びとはまもなく、音楽に飢えて騒ぎだすでしょうし、その組織ができるやいなや、あなた方の仕事が発生するでしょう。」

しかしヘス自身は、そのとき、戦争中は演奏する機会はないと考え、ピアノを閉じ、女性ヴォランタリ・サーヴィスの一員として、ロンドンからの児童疎開の援助作業に参加した。プロムナード・コンサートは中止されたし、燈火管制は、劇場、映画館、演奏会場の閉鎖をひきおこした。美術館や博物館は、収蔵品を疎開させることによって閉鎖されたし、BBCラジオも、のちには全ヨーロッパの地下抵抗運動に、暗号で指令を送るようになるが、開戦当初は、むしろ活動を縮小する傾向があった。男性音楽家たちの召集は避けられなかったので、イギリスの文化活動全体が、停止しかけていた。

そういうある日、ヘスは、ユダヤ人亡命者一家から電話を受けた。彼らは、ナチス支配下のヴィーンを脱出して、最近ロンドンに着いたのだが、数年まえにヘスの演奏を聴いたことがあり、またそれを聴きたいというのである。疲れはてた亡命者たちは、ヘスの音楽のなかにやすらぎを求めたのであった。この要請をうけた瞬間にヘスは、国民の士気の維持高揚に、戦時室内楽コンサートを組織することを思いついた。彼女は、ロンドンの中心部で、やすい入場料で、すべての階級の都市生活者に、質のたかい室内楽のなま演奏を聴かせたいと考えたのである。

だが、会場はどこにあるのか。ヘスたちは議論した。「国立美術館にあたってみたら?」「それなら聖ポール教会でもいいでしょう」「いっそバッキンガム宮殿では?」こういっていたときは冗談半分だったのだが、ひょうたんから駒がでた。彼らが美術館をおとずれて、「数回の昼間のコンサートのために」会場を貸してもらいたいといったとき、館長は即座に、「どうして毎日やらないのですか」といった。じつは、彼は、疎開のために壁面が露出した美術館の化けもの屋敷のような光景を、なんとかしなければならないと考えていたところだったので、この申込みを受けると四八時間以内に理事会の承認をとりつけてくれたのである。彼は、美術館の地下室が、ロンドンで最強固であり、したがって防空壕としても安全であるという保証までしてくれた。

こうして、ナショナル・ギャラリー・コンサートが、ウィークデーの毎日午後一時からのランチタイム・コンサートとして開始され、一九三九年十月十日から一九四六年四月十日までの六年半のあいだに、一六九八回の室内楽の演奏が、八二万一五二人の聴衆にたいして行なわれた。初日にはヘス自身が、ベートーヴェンの「熱情」その他を弾いたのである。

2

会場には、椅子が五〇〇しかなかった。それも――美術館に椅子は必要がないから――いそいでかき集めたものであった。ところが、初日の開演三〇分まえには、一〇〇〇人をこえる行列が、美術館の階段からトラファルガー広場へつづいていた。聴衆の態度を、美術館長ケネス・クラークは、つぎのように書いている。「彼らは、不安そうな、飢えた顔つきでやってきたが、音楽を聴きマイラ〔ヘス〕のうっとりとした表情を見ているうちに、自分たちの個人的な心配ごとを忘れてしまった。私は、人びとの顔つきがこんなに変わるのを見たことがなかったので、『人びとを勇気と信仰につれもどす偉大な説教師を彼らが見つめるのは、こういう顔つきにちがいない』と自分にいいきかせた。」

ヘスやクラークの苦労はむくいられたわけだが、戦時中の、しかも演奏用につくられていない建物での演奏なのだから、困難はつぎつぎと発生した。たとえば、教会の鐘の音がはいってくる。トラファルガー広場をかこむ建物のなかには、美術館にちかいところに聖マーティン・イン・ザ・フィールズ教会があり、その鐘が演奏中の一時二十五分から五分間、鳴りつづけるのであった。教会の鐘を止めることができるであろうか。

交渉の結果、教会は、二分間譲歩して二七分から三分間にしてくれた。これ以上はむりだ

ナショナル・ギャラリー・コンサートで演奏するマイラ・ヘス

というので、コンサートは、一時二十七分ちょうどに休憩にはいるように、演奏時間を調節しなければならなかった。いまでもテレビ画面を、放送終了予定時間まえにブランクにしておいて平気なイギリス人としては、たいへんなことだっただろう。さいわい（？）戦局が深刻化するにつれて、教会の鐘は、ドイツ軍上陸のときの非常警報として使用するために通常は鳴らさないことになったので、この問題は解決した。

　もっとすさまじい音響があった。一九四〇年八月には、戦時貯蓄推進週間のために、毎日十二時半から、軍楽隊の演奏が行なわれたのである。軍楽隊はネルスン塔の下に陣どり、広場全体に音がひびきわたるようにラウドスピーカーが設置された。モーツァルトのピアノ・ソナタは、鳴りひびくボギー大佐行進曲と、競演しなければならなかった。こんどは、国策を支援する軍楽隊が相手であるが、それでも交渉は行なわれ、妥協点がみいだされた。軍楽隊は、一時半に演奏をやめ、コンサートは、この期間中は一時半から開始ということである。ただし、この妥協をかちとるために、代償としてマイラ・ヘスは、広場におかれた爆撃機の翼のうえから、戦時貯蓄をうったえる演説をしなければならなかった。

こういう対外的な交渉のほかに、ヘスは毎日のプログラムを編成し、演奏者との交渉もしなければならなかった。一九四〇年五月にナチスがベネルクス三国に侵入し、政府の亡命があいついだころ、ヘスは、その日のコンサートの歌手エリーナ・ゲアハートから電話をうけた。きょうは歌うことができないというのである。「だれもドイツ語を聞きたくないと思っているでしょうから」と、歌手は泣きながらいった。ヘスはこれに対して、第一次大戦のときのような、シューマンの歌曲を「敵国語」ではなくフランス語で歌わなければならない、というノンセンスはもう存在しないのだ、と説得しただけでなく、ナーヴァスになっている歌手をはげますために、伴奏をひきうけた。

フランスの降伏につづいて、ナチスのイギリス上陸作戦がはじまり、「ブリテンの戦闘」として知られる空中戦が展開される。前夜の空襲で焼けだされたピアニストが、着のみ着のままで演奏をすることもあったし、空襲でコンサートが中断されることもあった。四一年十月二十三日には、時限爆弾が美術館に投下されていることがわかり、爆弾処理班が作業を開始したのだが、昼食時間がくると彼らは作業を中断して休憩にはいってしまった。演奏者も聴衆もこのことを知っていたのに、コンサートは定時にはじまり、ラズモフスキー一番のスケルツォの途中で、爆発が起こった。「あの複雑なスケルツォのなかで、いささかのゆるぎもなく演奏はつづけられた。……私はこれが、イギリス的な忍耐と集中力の歴史的な模範例だと思う」と、聴衆のひとりは書いているが、作業なかばで昼食にいく爆弾処理班も、やはりイギリス的だ、とつけ加えるべきであった。

ヘスの活動は、美術館コンサートに限られたのではなかった。BBCの海外放送「ブリテンは語る」にも出演したし、さらには地方小都市への巡回コンサートにも出かけた。はげしい空襲で破壊された町の、小学校や映画館でのコンサートには、男女工場労働者が、昼間機械のまえに立っていたときのままの労働服で、立錐《りっすい》の余地もなくつめかけた。広告もなにもないのに、口コミで彼らは集まってきたのである。ハルレ・オーケストラのそういうコンサートのあとでパブにでかけた楽団員たちは、労働者がつぎのように語っているのを聞いた。

「おれは今夜、映画館に行ったんだが、そこでは交響楽団の連中がやっていた。ベートーヴェンとチコウスキーとバックだったよ。どれも悪かあなかったな。ヒトラーの奴がほかになんにもしなかったとしても、おれを途方もないハイブラウにしてくれたことだけは、間違いないってわけだろうな、どうだい。」

これらの体験をふまえてヘスは、「ブリテンは語る」のなかで、つぎのように述べた。「私はきいたことがあります。スペイン内乱のとき、空襲で最悪の状態になったバルセローナでのことですが、コンサート・ホールの外には、行列が通りのおわりまでつづいていたそうです。人びとがそのとき、そこで感じていたことを、イギリスでいま、人びとは感じているのです。それはなにかといえば、音楽はそのゆたかな精神的美しさによって、現代戦のあらゆる混乱、あらゆる憎悪、あらゆる悲しみを、やわらげることができるということです。……このおそるべき戦争は、たしかに、深刻な苦難をひき起こしました。しかしそれは、イギリス人を日常的慣習から、もっと高いところへひきあげました。……こんにち、われわれは、おそらく史上かつてなかったほどしっかりと、人類の進歩の真の本質をつかんでいます。*」

その後四〇年のあいだに、人類の進歩ということばは、すくなからず色あせてしまったが、ヘスがこう語ったときの日本には、このことばも音楽も存在の余地がなかったのである。

* Denise Lassimonne & Howard Ferguson (eds.), *Myra Hess*, London 1966, pp. 90-100. Marian Mckenna, *Myra Hess. A portrait*, London 1976, pp. 118-181.

ルイジ・エイナウディと研究所

1

イタリア共和国二代大統領ルイジ・エイナウディの蔵書は、八万冊に達したという。一八七四年に、トリノの近郊クネオに生まれ、九八年にトリノ大学の講師となってから、経済学古典を中心に収集をはじめ、一九四八年に大統領に就任、六一年に上院議員として死ぬまでつづけたのである。ぼくが五九年の末にローマで会ったときも、話がアダム・スミスの蔵書のことになると、身を乗り出して、とても八五歳とはおもえぬ熱心さであった。ロンドンのハーディング書店のウィーラーは、そのころエイナウディの蔵書について、現存の人の経済学蔵書として世界最高、といっていた。

古本をあつめる大統領、といえば、いかにも幸福な生活であったようだが、エイナウディの生涯は、かならずしも平穏幸福な日ばかりだったわけではない。一九一九年に上院議員となった彼は、ファシズム政権に対する上院の反対派に属し、二四年、二八年、三五年に、エチオピア政策その他について、反対投票をした。ムソリーニの報復は、ボッコーニ大学（ミラノ）、トリノ工科大学の兼任教授および新聞『コリエラ・デラ・セラ』の論説委員の免職、雑誌『社会改良』の廃刊であった。上院議員とトリノ大学教授の地位は奪われなかったが、社会的発言はすべて封じられたようなものであった。

『社会改良』が弾圧されると、彼は翌年から『経済学史評論』を刊行した。これは、晩年に彼が語ったように、歴史への逃避でもあったが、同時に、歴史をつうじての現実批判＝抵抗でもあった。この雑誌は、一九三六年から四三年まで季刊で継続するが、この時期のイタリアで、ファシズムの組合国家論をほとんどとりあげない雑誌というのは、珍しいだろう。

ルイジ・エイナウディ

四二年には、トリノが爆撃されて、自宅にもわずかながら被害があったので、エイナウディは、蔵書をクネオの生家に移したが、まもなく、蔵書どころか自分の生命が危くなってきた。危険は、イタリア・ファシズムよりも、その崩壊の直後にきたナチス・ドイツの、北イタリア占領によるものであった。（ふたつのファシズムは、暴力の行使においてもかなり違っていたようである。）一九四三年九月、身近にせまる危険を避けて、エイナウディ夫妻は、徒歩で、アルプスの旧道をスイスへ亡命した。むかし宗教改革のときにジャン・カルヴァンが通った峠には、もう雪がきていた。翌年、アメリカ軍が飛行機で、彼をローマに送りこむので

2

まさか亡命中も本を集めたわけではないだろうが、逆に、ファシズム政権もそれまで抑圧することはできなかっただろうから、ほぼ六〇年間集めつづけたことになる。主要な供給者は、パリのベルンステン書店で、エイナウディは、おなじイタリアの銀行家とはげしい競争をしたこともあったという。時期的には、コロンビア大学のセリグマン、ハーヴァード大学のクレス文庫、アメリカの古本屋バート・フランクリンなどとも、競争した可能性もあり、部分的にはそのあとをたどることもできる。

したがって蔵書構成も、それらのコレクションと重なる部分があるのは当然で、とくに、イギリス、フランスの経済学古典にかなりの力がそそがれていることは、共通している。この部分について比較してみるのもおもしろいだろう。しかし、エイナウディ蔵書には、ほかのコレクションにない強味があって、それはイタリア経済学の古典とピエモンテ地方史の収集である。十八世紀イタリアに分立した小国の、それぞれのなかで芽生えてきた社会科学

は、フランス、ついでイギリスの思想と現実に触発されながら、ヴェルリ、ベッカリーアなどの諸著作を生み、世紀末には、トリエステのジュリアーニのような市民社会批判者さえ生むのだが、それらをイタリア全体として展望するには、エイナウディ蔵書がもっとも有力な手がかりになる。他方、ピエモンテは、イタリアの国家統一運動に有力な役割を演じただけでなく、ふるくは、中世の異端ヴァルド派をアルプスの谷間に温存して、イタリアで最初に宗教的寛容を制度化したところであり、あたらしくは、上からの近代化の一典型として、フィアットがでたところである。トリノには、国立図書館分館、グラムシ研究所支所があって、地方史の資料——後者は労働運動史——を集積しているが、エイナウディ蔵書は、それらとならぶものである。

古典と地方史のほかに『エコノミスト』創刊号からの完全セットなどをふくめた八万冊と、エイナウディ自身の文書——とくに第四次デ＝ガスペリ内閣副首相、ついで大統領としての——を中心として、彼の死後まもなく、ルイジ・エイナウディ研究所が創立されるのだが、そのことにふれるまえに、関連するもうひとつの蔵書について述べておかなければならない。それは、マクス・ヴェーバーの友人であり、『政党社会学』の著者として有名な、ロベルト・ミヘルス（イタリアではミケルス）の蔵書である。

ドイツの大学でうけいれられなかったミヘルスが、はじめて講師として就職したのがトリノ大学であって、その頃からエイナウディと親しかったらしく、長男マリオ・エイナウディの夫人はミヘルスの娘である。ミヘルスは、バーゼル大学に転じても、そこのドイツ的雰囲気になじめず、ペルージア大学の教授になったときは、すでに病身であって、一九三六年に六〇歳で歿した。それはエイナウディが『経済学史評論』を創刊したときで、創刊号に彼は、ミヘルスの回想を書いている。

ミヘルスの蔵書は、彼が晩年に住んでいたローマにあったが、戦争末期に未亡人は、エイナウディのすすめで、蔵書とともにクネオに移った。ここで、まえにいったようなドイツ軍の進駐があり、未亡人は、捜索にはいってきたドイツ軍を、ドイツ語できびしく叱りつけて退散させたという。その後、エイナウディ研究所の設立とともに、ミヘルス蔵書の利用が問題になったことはもちろんであって、彼は前記の著書のほかに、イタリア社会主義思想史についての先駆的な業績を遺しているから、蔵書がほぼそれらの領域をおおうものであることが予想されたのである。

3

ところが、蔵書構成はそのとおりであったが、ミヘルスは、図書の取扱いについては、まったくエイナウディと反対で、初版でなくても、全巻揃いでなくても、製本がわるくても、とにかく使えればいいという調子であり、したがって、エイナウディにとっては罪悪であった本への書きこみも、縦横にやった。こういう蔵書は、図書館で利用するには、たいへん具合がわるい。ミヘルスの蔵書としての書きこみのために、ミヘルスを研究するにはかけがえのない資料でありながら、ひとつひとつの本としては、一人前でない場合がおおいのである。

結局、パンフレットを全部、エイナウディ研究所がひきとり、図書は全部、一括して処理するという条件で、研究所にちかい古本屋にゆだねられた。それはいま、日本の国立国会図書館にあって研究者の利用をまっている。

4

まえにエイナウディ研究所と書いたが、正式の名称はフォンダツィオーネ・ルイジ・エイナウディだから、財団というべきであろうか。マリオ・エイナウディのもとに現在一〇人の研究委員がいるが、すべて大学教授の兼任で、奨学金をもらっている若い研究者をのぞけば、専任の研究員はいないのである。しかし、この研究委員会によって、『年報』『著作集』(古典の復刻)、『研究叢書』が編集され、エイナウディ蔵書への追加購入が行なわれているのだから、たんなる財団でも図書館でもなく、研究所的色彩が濃厚である。

研究委員会の顔ぶれ（かっこ内は主要研究領域）をみると、マリオ・エイナウディ（フィジオクラシー、ルソー）、フィルポ（カンパネルラ）、ボッビオ（ホッブズ、ロック）、ヴェントゥーリ（フランス、イタリア啓蒙思想）というように、近代思想史が圧倒的につよい。奨学生募集要項をみても、五つのテーマのうち二つは、「近代の経済思想・制度史」と「十八世紀から現代までの思想史」である。旧蔵書に追加されたもののもっとも重要な部分は、前記ミヘルスのパンフレットと、ベルンステンから購入されたフランス初期社会主義の原典であり、それに、やや偶然的な理由で、ラテン・アメリカの資料が強力になった。

現在の蔵書数は約一三万冊、雑誌一五〇〇種で、旧エイナウディ蔵書中の古典だけは、司書のスピナツォラ女史の手になる詳細なカタログが、『所報』に五回にわたって連載されていた。ただしこのカタログは、ルイジ・エイナウディの配架方式そのままの順序になっていて、ひじょうに使いにくい。古典部分の完全なカタログを出版する計画はあるのだが、それをクレス文庫のような年代順にするか、著者別にするか、迷っているのだと、エイナウディ所長は語った。*

5

こうして、近代思想史に重点をおくユニークな研究所兼図書館が発足してすでに一〇年になり、大学の大衆化の進行もまた、研究の場としてのこの種の小規模研究所の存在を貴重なものとした。ところが、ルイジ・エイナウディ自身について考えてみると、彼が古典を集め、古典を読んだのは、けっして思想史的な意味においてではなかったのだから皮肉である。

エイナウディにとって、経済学の歴史は理論の純化完成の過程であり、したがって彼は、個々の経済学者の名前なしにも経済学史を書くことができると考えていた。もちろん、哲学的背景や社会的条件などを考慮する必要はないのであり、彼はエリック・ロールの『経済思想史』に対して、つよい不満を表明した。（シュンペーターには好意的であった。）ミヘルスは一九三二年に、エイナウディ的経済学史を、「みごとな直線」ということばで批判している。**

「みごとな直線」をたどる理論の完成過程を追っていく態度は、つきつめると、歴史を現代に吸収することであり、それではなぜわざわざ過去にたちいる必要があるのか、ということになってしまう。好奇心によって、という答しか残らないだろう。だが、エイナウディには、もうひとつの関心があった。それは彼が、自由平等な独立小生産者の社会を求めていたということである。彼は、それだからスミスやガリアニを愛したのであり、彼にとって国家は、こうした完全競争社会を実現確保するために、干渉する使命をもつのであった。彼は、この理想社会を、レプケの『現代の社会危機』（一九四二年）を紹介しながら素描し、イタリア共産党の創立者グラムシは、これを「第一級の自由主義ユートウピア」とよんだのであった。

* 著者名のアルファベット順で、一九八一年に二巻本カタログが出版された。

** Piero Barucci, Luigi Einaudi and the history of economic dogma, *Economic Notes*, No. 3, Siena 1974.

本を愛した外科医

1

一九一三年の秋の夕ぐれ、ヴァージニア・ウルフがロンドンの自室で、昏睡状態になっているのが発見された。致死量のヴェロナールを飲んで、自殺をはかったのである。彼女はまえから、うつ病で精神科の医者にかかっていたので、家族のものはその医者を呼んだ。しかし、いうまでもなく、睡眠薬自殺自体は、精神科のとりあつかう症状ではない。さいわい、その建物の最上階に若い外科医が住んでいた。彼は事情をきくとすぐ、タクシーを呼んで、自分の勤務する聖バーソロミュウ病院にかけつけた。まだ交通信号も救急車もパトロール・カーもない時代だから、彼はタクシーの窓から、「緊急《アージェント》！　医者だ！」と叫びつづけて、雑踏をかき分けたのである。彼がもってきた胃の洗滌装置で、ヴァージニアの最初の自殺はくい止められた。（のち一九四一年秋、ウーズ川に投身自殺。）

この外科医がジェフリ・ケインズ（一八八七―一九八三年）で、経済学者ジョン・メイナード・ケインズ(一八八三―一九四六年)の弟であった。ウルフとケインズといえば、当時の有名な文化人サークル、ブルームズベリ・グループが思い出されるし、いま述べた事件の舞台も、まさにブルームズベリのブランズウィック・スクエアであったが、この外科医の弟は、「私は彼らすべてを、すこしばかり知っていたし、ダンカン・グラントがひじょうに好きだった。しかし私は、それに所属するものとして認められなかったし、認められることを願いもしなかった。私はヴァネッサ・ベル(ヴァージニアの姉)を尊敬したが、その夫クライヴが嫌いだった」*と書いているとおり、兄とは違って、このグループには参加しなかった。

ヴァージニアの胃を洗滌することぐらいは、外科医としてはなんでもなかったに違いないが、彼の外科医としての手腕は、けっしてその程度のものではなかった。兄とちがって、ラグビー校を経てケンブリジのペンブルック・カレジにはいったジェフリは、優秀な成績で医学の学位をとり、聖バーソロミュウ病院の外科医となったが、着任後まもなく、部長が失敗した処置に成功して、その不興を買った。二度の世界大戦に軍医として参加して、空軍少将まで進んだほかは、彼は聖バーソロミュウを離れたことがなく、輸血と胸部がんの権威として知られた。一九五五年にサーの称号を与えられたのは、外科医としての功績にもとづく。**

しかし、メイナード・ケインズの弟で、ヴァージニア・ウルフの生命を一度は救った外科医というだけならば、いくら外科医として優秀であっても、ここでとりあげる必要はない。

彼には別の一面があって、それは兄とも共通していた。少年時代に蝶を集めたジェフリは、聖バーソロミュウ病院に勤務するようになると、本を集めはじめた。そして、書誌学者として兄の集書をたすけるとともに、外科医学においてと同じように、この領域でもいくつかのすぐれた業績を残したのであった***。

2

蝶から古書へ、ジェフリの収集対象が、いつ、どのようにして転換したかを、確認することはむずかしいが、たとえば、ケンブリジの学生時代に、コズモ・ゴードン（一八八六？—一九六七年）とオーガスタス・シオドア・バーソロミュウ（一八八二—一九三二年）を知ったことが、ひとつのきっかけであったかもしれない。ジェフリとふたりとの交友は、大学図書館員チャールズ・セイルの家での出会いにはじまる。といっても、ゴードンもラグビー校出身だったから、それまでまったく知らない間ではなかった。

ダーウィンを愛読する（のちにダーウィンの孫娘と結婚する）医学生に、文学への目を開かせたのは、ラグビー時代からの友人、ルパート・ブルック（一八八七—一九一五年）であったが、愛書・集書癖は、ゴードンの影響だったようである。ジェフリの集書はまず、ゴードンの援助をえて、医者であるとともに文学者であったトマス・ブラウン（一六〇五—八二

ジェフリ・ケインズ

年）から始められる。オクスフォードの勅命医学講座のオースラー教授が、ブラウンの最大の収集家であるという噂をきいた二人の大学生は、それを見せてくれ、と手紙を書いた。二人が驚いたことに、教授は初対面の学生を自宅に招いて滞在させ、蔵書を閲覧させてくれたのである。こういう好意に励まされて、ジェフリの書誌は、ウィリアム・ハーヴィ（一五七八―一六五七年）、ウィリアム・ペティ（一六二三―八七年）というような、十七世紀の医学者をたどっていく。ペティが経済学者でもあったことは、指摘するまでもあるまい。

もうひとりの友人、バーソロミュウは、ジェフリより五歳年長で、ロンドンの有名な家具製造業者の子であった。彼は、グラマー・スクール時代から本とともに一生を過ごす決心をしていたというが、一九〇〇年に一七歳でケンブリジ大学図書館に職をえて、そこを生涯の職場としながら、大学で学んだのであった。ジェフリは、のちに彼をつうじて、『エレホン』の著者サミュエル・バトラーの遺産（主として版権）を継承することになる。

そこにもうひとつ事件が起こる。大学二年のある日、ジェフリはトリニティ通りを歩いていて、偶然にジョンスン書店――いまはない――のウィンドウに目をやった。そこにあった版画が彼を釘づけにし、深い感動をあたえた。それが彼とウィリアム・ブレイクとの出会いであった。版画は「ヨブとその家族」などであり、「それらはきれいではないが、独特の厳粛な美をもっていた。」ジェフリはブレイクのとりこになり、彼の書誌・肖像画・手紙・著作を編集し、伝記と研究を書くのだが、その過程はまた、ブレイクのさまざまな作品とのめぐりあいの過程でもあった。ブレイクの作品は本だけではないから、版画が古道具屋あるいは紙屑屋から出てくることもあるのだ。たとえば、ジェフリが一九四二年に、空軍に勤務中に、ロンドンの書籍競売業者の緊急連絡をうけて買った、ブレイクの絵画作品は、家具商が手放したものであった。

3

このブレイクの例のように、情報がジェフリを追いかけてくるのは、それまでの実績があったからで、彼は一九一〇年秋に大学を出ると、ロンドンの聖バーソロミュウ病院で研修をはじめ、一三年に外科医として勤務することになったが、その頃からすでに、国際的な骨董商、サザビーの競売場に出入りしていた。サザビーは古書も取り扱っていて、古書だけの競売用目録は、世界の古書コレクターの注目するところであった。

そういう競売場や古本屋通いのなかで、ジェフリは、兄メイナードのためのブック・ハンティングもやったらしく、ヒュームが自分の『人間本性論』の宣伝のために書いた要約の匿名パンフレットを、一九三三年に発見したのも、その一例である。これは従来、アダム・スミスが書いたものではないかと推定されていたのだが、メイナードはピエロ・スラッファと協力して、定説をくつがえした。

つづいて一九三四年にはギボン蔵書を、三七年にはニュートン文書を、メイナードはサザビーで買った。このときは兄弟で競売にでかけたようである。メイナードにも、少年時代から古書収集の趣味があったというから、ジェフリの影響だけによるのではないが、ジェフリがよき助言者であったことは、たしかである。ふたりの収集には、領域による分業――ジェフリが文学と医学――があったようにも思われる。あるいは、メイナードのほうが金まわりがよかったことが、大型コレクションの購入を可能にしたのかもしれない。ギボン蔵書にしても、買ったのはメイナードで、目録を編集したのはジェフリなのである。理由はともかくとして結果をみると、収集点数は、メイナードが約七〇〇〇点、ジェフリが約四〇〇〇点となっている。

このようにみてくると、兄弟はひじょうに仲が好かったと思われるだろう。しかし、メイナードの死後、彼が一九〇七年に友人あての手紙で、「ジェフリはまったくどうしようもない」と書いていたことが発見された。「これは残酷な判断のようにみえるが、彼の発言の状況をみれば、正当だということになる」と、ジェフリ自身が自伝で述べている。というのは、そのときケインズ一家は、ピレネー山麓の避暑地リュションに滞在していて、ジェフリは蝶に夢中であったが、メイナードのほうは、美学の問題に関心があり、彼には芸術家の相手が必要であった。「これについて、彼の弟は、たしかに『どうしようもなかった』のだ」と、弟も認めているのである。

メイナードのジェフリに対する評価は、その後も大体この程度であったらしく、ふたたびジェフリの回想によれば、「そのとき（一九二五年）まで、メイナードは私にほとんど注意をはらわなかった。これについて私は残念に思っていた。なぜなら、私は彼に対して、おおきな称賛の念をもっていたからである。一九二五年の夏になって、彼はとつぜん、私たち夫妻を、……バレーに招待した。……私は彼が彼女（リディア）を妻にしようとしているのだということを、理解した。……私は彼女をひと目見ただけで愛情を感じ、彼女も私に対してそうであった。メイナードの態度はただちに変わり、そのとき以来、彼は親切で愛情ぶかい兄になった。」おそらく、古書収集についての兄弟の協力も、「そのとき以来」のことであっただろう。

ブレイクへの熱中にもかかわらず、ジェフリはメイナードと違って、ブルームズベリ・グループに加わらなかった。こういう芸術的関心の差とならんで、政治的関心にもおおきな差があった。メイナードは、早くから自由党員であり、その左派であり、自分でも一種の社会主義者であることを認めていたが、ジェフリは、学生仲間のあいだで支配的であったフェイビアン社会主義に、ほとんど関心をもたなかった。

ジェフリは、共産党員としてスペイン内乱で死んだ、甥のジョン・コーンフォードについて、自分が名づけ親になった子どもたちのなかで、もっとも目立っていたと愛惜し、ウィリアム・モリス流の社会主義者をもって任じていた親友ルパート・ブルックが、ケンブリジ大学フェイビアン協会の会長となり第一次大戦で戦死したあと、「イギリスにおける社会主義国家の夜あけ」にあたって、その遺稿『民主主義と芸術』（一九四六年）を編集し、序文を書いている。社会的関心といえば、せいぜいこの程度であったが、これが自由党員でないリベラルの平均的な姿であろうか。

* Geoffrey Keynes, *The gates of memory*, Oxford 1981, p. 115.

** *Three tributes to Sir Geoffrey Keynes on his seventieth birthday 25th March 1957*, n. p. n. d.

*** *Bibliotheca bibliographici. A catalogue of the library formed by Geoffrey Keynes*, London 1964.

あとがき

筑摩書房の第二版『経済学全集』の月報にこれまで書いた二六篇のなかから、四篇（「アダム・スミスの読者たち」「引用のしかた」「ドッブの死」「スラッファにあう」）を除き、新稿一篇を加えることによって、この本ができあがった。まとめて一本にすることは、月報に書きはじめたときからの、編集者田中基子さんの計画であったが、全集の完結を待たずにこのような形態で出版されるのも、田中さんの熱意によるものである。

収録された旧稿には、各篇のながさをかえない程度で手をくわえたし、全体にわたって参考文献を主とした注をつけたが、参考文献には、特定の問題についてだけ利用したものと、全般的に利用したものがあり、その区別は注ではかならずしも明らかになっていない。また、一次資料にさかのぼって確認した記述と、そうでないものとの区別も、同様である。研究書風の繁雑をさけて読みやすくしながら、しかも研究者にとっても利用できるようにしたいというのが、著者の欲張った意図である。

内容は、十六世紀から二十世紀にいたるヨーロッパ諸国の、出版事情を中心としているが、狭義の出版史ではなく、思想の伝達・受容の形態としての出版、すなわち思想史の一分野としての出版史の、ひとつのこころみとして読まれることを希望する。音楽や美術も、この本では同様に、思想のコミュニケーションすなわち社会的存在形態という観点から、とりあげられている。思想の社会史といっていいかもしれないが、最近流行の思想抜き社会史と混同されては困るのだ。ただし、ジンやワインや紅茶まで、思想史のなかにおしこもうと思っているわけではなく、これらは、たしかに思想史にかかわりがあるにしても、小道具のようなものである。

叙述が、時代をくだるにつれて、登場人物が著者と直接にかかわりをもつようになるが、この本では、そういう個人的回想をできるだけ排除した。旧稿中からドッブとスラッファにかんするものを省いたのは、別の本に収録した（スラッファは予定）ためだけではなく、その回想記的性格による。ここに収録した「ウォーバーグ家の人びと」「ルイジ・エイナウディ研究所」「本を愛した外科医」の三篇の主題のうち、セッカー＝ウォーバーグ社は、著者の最初の留学のときに、クリストファ・ヒルが、英語で本を出すようにとつよくすすめて、著者を紹介しようと言ってくれた出版社であり、エイナウディ研究所は、著者が一九七六年六月の、ひと月にわたる滞在中に、貴重書を無制限に自室にもちこむという破格の待遇をあたえられた所である。また、ジェフリ・ケインズには、彼がペティ書誌をつくっているとき、トリニティ・カレジのスラッファの部屋で会い、日本でつくったペティ著作集復刻版について、説明したことがある。第二と第三については、べつに書いたが、第一については、書けば怠惰を告白することになるので、ふれないできた。しかし、その程度のことであっても、主題あるいは素材に対する愛着のようなものが生じるらしい。

思想の社会的存在形態をふくめたトータルな社会思想史ということを、山田宗睦に語ったのは、狩野川台風でいためつけられた湯が島から帰京する車中であったから、一九五八年十月はじめ、すなわち三〇年ちかくもまえのことである。

思想史研究の中心は、いうまでもなく原典の解読であるが、一方ではそれの形成過程、他方ではそれの伝達・普及過程を明らかにすることが、ふたつの重要な支柱の役割をもつ。ふたつの方向での研究は、もちろんないわけではないが、しばしば――とくに形成過程は――伝記と混同され（『十人の経済学者』を伝記だと思った研究者がいる）、あるいは伝記に埋没しているし、伝達・普及過程は、たいてい研究史に限定され、しかも正解か誤解かという正統・異端史観に支配されている。さいごの傾向の例は、とくにマルクス主義思想史に豊富にみられるが、普及史においては、正解と誤解は同権なのである。とはいうものの、たとえば中村雄二郎が『パスカルとその時代』以来しばしば主張しているような、歴史的媒介を抜いた、原典の「自由な」読みとりに賛成するわけではなく、この点については、ホッブズ解釈をめぐるケンブリジ（スキナー）とオクスフォード（ウォリンダー）の論争にふれる機会に、別に考えてみたい。

この本の中心テーマである出版史は、いうまでもなく、思想の普及・受容過程の外面的・物質的側面を取り扱うものであるが、活版印刷の発明以来、出版されるかどうか、出版と販売の過程で経済的政治的事情――たとえば販売網や検閲――の影響をどのようにうけるかは、明らかにその思想の普及・受容の内面にかかわってくるであろう。

音楽や美術は、十九世紀末からの複製技術の発達によって――とくに後者が――出版と結びつくのであるが、この本では主として個人的なパフォーマンスとして、とりあげられている。複製されるかどうかにかかわらず、これらの芸術が商品化され、大衆消費の対象とされるのは、ほぼ一八七〇年代以降であって、現代思想史の起点と一致する。ただ、現代思想史の問題としては、思想家や芸術家をふくめた、知的生産者たち自身の生産と再生産の機構、すなわち教育制度が、この本では――亡命知識人問題をのぞいて――ほとんどふれられていないということを、自己批判として指摘しておかなければならないであろう。大衆文化の欠落も指摘されるかもしれないが、これは一応、別の領域と考えている。ジャーナリズムやいわゆる文壇事情についても、同様である。

既発表部分の執筆の時期が、一九七六年一月から八四年十二月にわたっているので、中流階級と音楽、あるいはヴェーバーと女性のように、そのあいだに部分的には日本で紹介されたテーマもあるが、それによってここでの紹介がまったく無意味になったわけではないようである。

一九八五年二月三日

水田　洋

学術文庫版あとがき

このたび、一九八五年に刊行された『知の商人　近代ヨーロッパ思想史の周辺』を改題し、講談社学術文庫へ収録することになり、久々に本著を読み直してみました。執筆当時のことをいろいろ思い出します。

この機会に、「Ⅲ　ファシズムのもとで」に、ディートリッヒと戦時下についての項を、一編、加筆したかったのですが、最近、どんどん体力が落ちてなかなか書くことができず、やむなく断念しました。

また、単行本の際に「経済学月報」から除いた四編も探してみましたが見つけられなかったため、今回は編集部と相談のうえ、最小限の修正と、刊行時から気になっていた構成変更など、いくつかの修正のみとします。

とはいえ、本文庫にも収めた「空襲下のコンサート」（二七四頁〜）は、多くの文化活動を制限される二〇二一年コロナ渦の現在といみじくも重なる部分があり、文庫担当編集からも、「今こそ、多くの人に読んで欲しい原稿です」と言われたのも、嬉しいことでした。

三六年ぶりに生まれ変わった本著が、新たな読者と出会うことを、とても楽しみにしています。

水田　洋

二〇二一年八月五日

ワ

マ

ミ

ム

メ

モ

ヤ

ヘ

ホ

ヒ

フ

セ

ソ

タ

チ

テ

キ

ク

ケ

コ

エ

オ

カ

人名索引

ウォーバーグ，エルセフィエルなどは，家族員を一括して示す。参考文献の著者と，書名中の人物は除く。

KODANSHA

本書は、一九八五年に刊行された『知の商人　近代ヨーロッパ思想史の周辺』（筑摩書房）を改題、加筆修正したものです。